신인류

한권으로 끝내는 **과학상식** 100가지

글·그림 / 김복용 선생님

아동도서 삽화 및 많은 학습만화를 그렸습니다.
작품으로는, 〈노인과 바다〉〈걸리버 여행기〉
〈노틀담의 꼽추〉 등 세계 명작 만화 20여 권과
〈목민심서〉〈놀부전〉〈홍경래〉〈무인시대〉〈끼〉
〈스타크〉〈짱빵〉〈우리나라를 빛낸 위인들 1, 2〉
〈그리스로마 신화 색칠북〉 등이 있으며
지금도 새로운 작품에 열중하고 계시답니다.

감　수 / 노성춘 선생님

(현) 서울 구산초등학교 교장선생님

심대암 선생님

(현) 안산초등학교 교감선생님
92~94년 서울 서부 교육청 과학부장회의 회장
　　　　전국 자연과 연구회 회장
92~93년 서울시 초등과학부장회의 회장
94~96년 서울 서부교육청 과학교과서 서클 회장

책 머리에

별 하나 나 하나 별 둘 나 둘…….
우리는 밤하늘을 바라보면서 빛나는 별들을 수없이 헤아려 보았던
기억들이 나실 거예요. 과학이란 보편적인 진리나 법칙의 발견을
목적으로 한 체계적인 지식을 말한답니다. 우리 인류의 문명은
과학이 이루어 놓은 것이라고 말해도 틀리지 않을 만큼 우리의
생활 속에서 큰 비중을 차지하지요. 이 책은 우리 주변에서 알아야 할
과학적인 의문점들을 자세히 풀어 보았습니다.
엄마 고래는 왜 바다에서 살아요? 아이스크림은 누가 만들었나요?
우리 어린이들은 참으로 호기심과 의문으로 가득 차 있답니다.
그러나 이렇게 열정적인 호기심과 의문을 가짐으로써 발전은 시작되는
거랍니다. 노인별은 죽어서 무엇이 되나요? 이것을 이해하게 된다면
우리는 우주가 살아 있다는 것을 알 수 있지요.
호기심과 의문이 풀리고 또 연구하고 연구해서 오늘날 우리 인류가
이루어 놓은 눈부신 과학은 그렇게 쌓아 올린 것이랍니다.
마찬가지로 우리 어린이들의 호기심과 연구가 계속 되다 보면 언젠가는
각자의 큰꿈을 이루어 놓은 훌륭한 과학자들이 많이 나오겠지요.

글쓴이 김 복 용

한권으로 끝내는 **과학상식** 100가지
CONTENTS

과학상식 100가지 — 날씨가 궁금해?

1. 무지개는 왜 생기는 걸까? · · · · · · · · · · · · · · · 8
2. 날씨란 무엇인가? · 10
3. 비가 내리는 까닭은? · · · · · · · · · · · · · · · · · · 12
4. 구름이 생기는 까닭은? · · · · · · · · · · · · · · · · 14
5. 엘리뇨 현상이란 무엇인가? · · · · · · · · · · · · · 16
6. 산성비란 무엇인가? · · · · · · · · · · · · · · · · · · · 18
7. 번개를 치는 이유는? · · · · · · · · · · · · · · · · · · 20
8. 태풍이 생기는 이유는? · · · · · · · · · · · · · · · · 22
9. 바람이 부는 까닭은? · · · · · · · · · · · · · · · · · · 24
10. 눈이 내리는 이유는? · · · · · · · · · · · · · · · · · 26
11. 저녁때 지는 해가 크게 보이는 이유는? · · · · · · 28
12. 수증기란 무엇인가? · · · · · · · · · · · · · · · · · · 30
13. 정전기는 왜 생기는 걸까? · · · · · · · · · · · · · 32
14. 구름 색깔에 따라 비의 양도 다른가? · · · · · · 34
15. 얼음은 왜 얼까? · 36
16. 자외선으로 피부암에 걸릴 수 있을까? · · · · · 38
17. 여름철에 빨래가 잘 마르는 이유는? · · · · · · 40
18. 남극과 북극은 얼마나 추운가? · · · · · · · · · · 42
19. 서리는 왜 내리는 걸까? · · · · · · · · · · · · · · · 44
20. 바람이 불면 먼지가 생기는 까닭은? · · · · · · 46

과학상식 100가지 — 지구가 궁금해?

21. 지진이 일어나는 이유는? · · · · · · · · · · · · · · 48
22. 지구와 태양의 거리는? · · · · · · · · · · · · · · · 50
23. 화산이 폭발하는 이유는? · · · · · · · · · · · · · 52
24. 태양의 흑점이 옮겨 다니는 이유는? · · · · · · · 54
25. 폭포가 생기는 이유는? · · · · · · · · · · · · · · · 57

지구야 염려마

26. 토성의 고리는 무성으로 되었나? · · · · · 58
27. 지구의 크기와 무게는? · · · · · · · · · · · 60
28. 인공위성을 쏘아 올리는 이유는? · · · · · · 62
29. 돌이 생기는 이유는? · · · · · · · · · · · · 64
30. 달의 모양이 달라지는 이유는? · · · · · · · 66
31. 태양의 수명은 얼마나 되나? · · · · · · · · 68
32. 지구의 물을 왜 줄어들지 않을까? · · · · · · 70
33. 산은 어떻게 만들어 졌나? · · · · · · · · · 72
34. 빛도 색깔이 있을까? · · · · · · · · · · · · 74
35. 별의 수는 얼마나 될까? · · · · · · · · · · 76
36. 공기도 무게가 있을까? · · · · · · · · · · · 78
37. 온천이 생기는 까닭은? · · · · · · · · · · · 80
38. 흙은 어떻게 생기는가? · · · · · · · · · · · 82

과학상식 100가지
인체가 궁금해?

39. 웃음이 건강에 좋다는데 그 이유는? · · · · · 84
40. 잠은 왜 자야 하는 걸까? · · · · · · · · · · 86
41. 충치는 왜 생기는 걸까? · · · · · · · · · · 88
42. 발 냄새는 왜 나는 걸까? · · · · · · · · · · 90
43. 밥을 먹고 나면 왜 졸리는가? · · · · · · · · 92
44. 때는 왜 자꾸 생기는 거야? · · · · · · · · · 94
45. 손톱과 발톱은 왜 자라는 걸까? · · · · · · 96
46. 방귀는 왜 나오는 걸까? · · · · · · · · · · 98
47. 키가 크는 이유는? · · · · · · · · · · · · 100
48. 대머리가 되는 까닭은? · · · · · · · · · · 102
49. 왼손잡이가 생기는 까닭은? · · · · · · · · 104
50. 꿈은 왜 꾸는가? · · · · · · · · · · · · · 106
51. 스트레스는 왜 쌓이는 걸까? · · · · · · · 108

한권으로 끝내는 과학상식 100가지
CONTENTS

52. 근시가 되는 이유는? · · · · · · · · · · 110
53. 땀은 어디에서 나오는가? · · · · · · · · · · 112

과학상식 100가지 — 일상생활이 궁금해?

54. 인사는 왜 하는 걸까? · · · · · · · · · · 114
55. 전염병을 미리 예방하는 이유는? · · · · · · · · · · 116
56. 자석이 붙는 까닭은? · · · · · · · · · · 118
57. 나무 1톤과 쇠 1톤 중 어느 쪽이 더 무거울까? · 120
58. 빛이란 무엇인가? · · · · · · · · · · 122
59. 돈이 만들어진 까닭은? · · · · · · · · · · 124
60. 고무줄이 늘어나는 이유는? · · · · · · · · · · 126
61. 소리가 나는 이유는? · · · · · · · · · · 128
62. 불은 어떻게 생기나? · · · · · · · · · · 130
63. 껌은 무엇으로 만들까? · · · · · · · · · · 132
64. 그림자가 생기는 까닭은? · · · · · · · · · · 134
65. 거울에 내 얼굴이 비춰지는 이유는? · · · · · · · · · · 136
66. 연필은 어떻게 만들어질까? · · · · · · · · · · 138
67. 아이스크림은 어디서 만들어졌을까? · · · · · · · · 140

과학상식 100가지 — 바다가 궁금해?

68. 바다는 어떻게 생겼을까? · · · · · · · · · · 142
69. 물이란 무엇인가? · · · · · · · · · · 144
70. 파도가 생기는 까닭은? · · · · · · · · · · 146
71. 바다의 넓이와 깊이는? · · · · · · · · · · 148
72. 바다는 파란색인데 물방울은 왜 흰색일까? · · · · 150
73. 얼음이 물에 뜨는 까닭은? · · · · · · · · · · 152
74. 빙하란 무엇인가? · · · · · · · · · · 154
75. 냇물이 바다로 흐르는 동안 무슨 일이 생길까? · 156

"지구야 영러마"

76. 바다에 해류가 생기는 이유는? · · · · · · 158
77. 바닷물은 왜 짠 거야? · · · · · · · · · · · 160
78. 배가 물 위에 뜨는 까닭은? · · · · · · · · 162
79. 바닷가에는 무엇이 살지? · · · · · · · · · 164
80. 물고기는 얼마나 오래 살까? · · · · · · · 166
81. 문어가 먹물을 내뿜는 이유는? · · · · · · 168
82. 갈매기가 항구나 개펄에 모여 있는 이유는? · · · 170
83. 고래는 정말 물을 내뿜는 걸까? · · · · · · 172
84. 화석이 되는 까닭은? · · · · · · · · · · · 174
85. 물속에서 물고기가 숨을 쉬는 이유는? · · · · 176

과학상식 100가지
동식물, 곤충이 궁금해?

86. 코끼리 코가 긴 이유는? · · · · · · · · · · 178
87. 두루미는 얼마나 오래 사나? · · · · · · · 180
88. 단풍은 언제부터 물드는가? · · · · · · · · 182
89. 벌은 왜 꽃을 찾는가? · · · · · · · · · · · 184
90. 소리를 내는 나방이 있을까? · · · · · · · 186
91. 기린은 왜 파수꾼이 되었나? · · · · · · · 188
92. 귀뚜라미는 어디서 소리를 내는 걸까? · · · · 190
93. 공룡이 사라진 이유는? · · · · · · · · · · 192
94. 곰은 뭘 먹고 살까? · · · · · · · · · · · · 193
95. 고추잠자리는 왜 빨간색이지? · · · · · · · 194
96. 고양이가 기둥 같은 곳에 발톱을 가는 이유는? · 198
97. 거미가 거미줄을 치는 이유는? · · · · · · 200
98. 개미의 입이 무기라니? · · · · · · · · · · 202
99. 개구리가 울면 비가 온다는데? · · · · · · 204
100. 닭은 왜 새벽에 울지? · · · · · · · · · · 206

날씨가 궁금해?
무지개는 왜 생기는 걸까?

우리는 비가 오고 난 뒤에 하늘을 보면 아름다운 무지개가 떠 있는 것을 볼 수 있으며 물을 하늘높이 뿜어 대는 분수대에서도 무지개를 볼 수 있습니다. 일곱 빛깔로 아름답게 보이는 무지개는 어떻게 해서 생기는 걸까요?

무지개는 빛이 프리즘을 지나면 일곱 빛깔로 나뉘어져 생기며 그리고 햇빛이 물방울에 닿아 반사 굴절할 때에 햇빛의 7가지 색이 각각 다른 비율로 반사 굴절하므로 생깁니다.

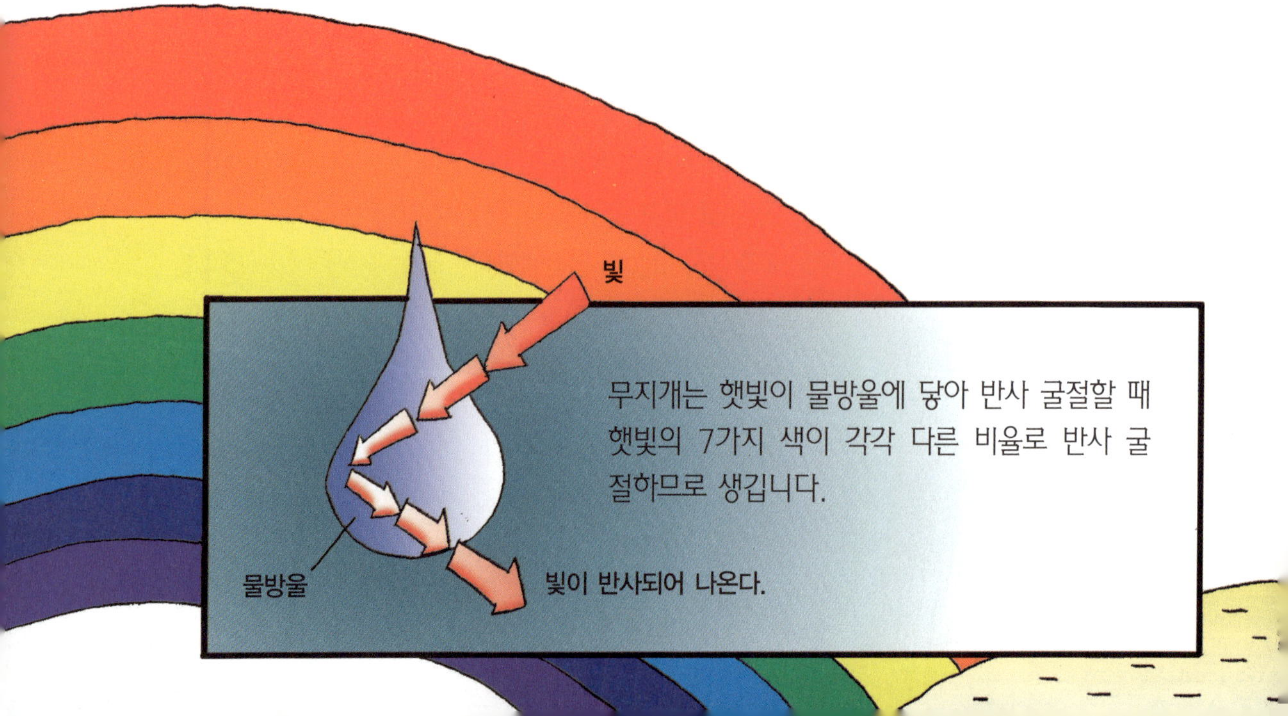

무지개는 햇빛이 물방울에 닿아 반사 굴절할 때 햇빛의 7가지 색이 각각 다른 비율로 반사 굴절하므로 생깁니다.

물방울
빛
빛이 반사되어 나온다.

다시 말해서 무지개는 햇빛이 공중에 떠 있는 작은 물방울에 닿아 반사 굴절할 때 일곱 빛깔로 갈라져 나오는 것이 무지개입니다.

햇무리도 무지개의 일종인데 태양의 둘레에 생기는 햇무리는 빛이 구름 속의 얼음 방울을 지나갈 때 생깁니다. 흔히 비가 오고난 뒤에 일어나는 현상으로 보통 바깥쪽으로부터 빨강, 주황, 노랑, 초록, 파랑, 남색, 보라색 순으로 보이며 무지개는 햇빛과 반대 방향에서 서는데 어떤 때에는 곱게 쌍무지개가 뜨는 수도 있으며 이때의 무지개 색깔은 큰 것, 작은 것이 서로 반대 색깔로 보입니다.

날씨가 궁금해?
2 날씨란 무엇인가?

소풍가는 날에 날씨가 좋을지 아니면 흐릴지 아니면 등산가는 날에 오늘날씨에 대해서 TV 등을 통해서 일기예보를 보는 경우가 많지요. 이렇게 우리 생활에 관심이 많은 날씨란 무엇일까요?

날씨라는 말에는 두 가지 뜻이 있는데 기상에서는 어느 장소에서 어느 시각에 잰 풍향 또는 풍속이나 운량, 기압, 기온, 습도 등을 모두 통틀어 '날씨' 라고 합니다.

우리가 흔히 '오늘은 날씨가 맑다' 라든가 '가끔 흐린 날씨' 라고 할 때의 날씨는 운량의 다소나 비나 눈이 오고 안 오는 것 만을 가리키는 말입니다. 날씨는 하루 중에서도 아침과 밤이 다를 때가 있으며 또 오늘과 내일이 다른 날이 많습니다.

야-아 등산가기 좋은 날씨다

이크 갑자기 왠 비야

그러나 2-3일 동안 같은 날씨가 계속되는 때도 있고 1년 중에서는 봄이나 가을이 날씨의 변화가 가장 심하며 한여름이나 한겨울에는 비교적 같은 날씨가 계속됩니다. 그리고 일기예보의 바탕이 되는 것으로는 어떤 지방의 여러 곳에서 같은 시각에 관측한 기온이나 기압 그리고 풍향이나 풍속 등 모든 날씨의 모양을 등압선 또는 등온선 그 밖의 기호나 숫자를 사용하여 한눈에 볼 수 있도록 백지도에 그려 넣은 것입니다. 그러므로 일기도를 보면 비가 오고 있는 곳이나 바람이 센 곳 등을 한눈으로 알 수 있으며 하루에 몇 번이고 일기도를 만들어 조사해보면 시간과 함께 날씨가 어떻게 달라지는가를 알 수 있습니다.

과학상식 100가지

3. 날씨가 궁금해? 비가 내리는 까닭은?

물은 태양의 열을 받아 수증기가 되어 하늘로 올라가고 수증기는 하늘에서 식어서 작은 물방울이 되어서 구름이 됩니다. 구름이 커지면 물방울도 커져서 마침내 비가 되어서 땅으로 떨어집니다.

그리고 하늘로 올라가는 공기의 흐름(상승기류)이 있을 때 구름이 일고 비가 내리게 되는데 더운 공기와 찬 공기가 겹치는 경계선을 불연속선이라 하는데 이때 비가 오래 내리기도 합니다. 또 여름철 뜨거운 햇볕이 내리쪼인 뒤 갑자기 오는 소나기는 대류에 의한 원인이기 때문이며 지형에 의한 비는 높은 산을 향해 바람이 불어올 때 비가 내리고 저기압에 의한 비는 저기압이 통과할 때면 으레 내리는 비입니다.

며칠동안 계속 내리는 비가 땅속으로 스며들지 않는다면 홍수가 나거나 또는 이세상은 온통 물바다가 되어 우리는 모두 살아남지 못할 거예요.

그러나 비가 내릴 때 개구리나 달팽이들은 몹시 활발해집니다. 몸이 젖어 있지 않으

면 호흡하기도 곤란하고 움직이기도 어렵기 때문입니다.

반대로 잠자리나, 벌 그리고 나비 등은 비가 내리면 날아다닐 수가 없으므로 각자 피신처를 찾아갑니다. 열심히 돌아다니던 개미들도 땅속의 보금자리로 돌아가 쉬지요. 그리고 비가 너무 오랫동안 오지 않으면 가뭄이 들어 모든 식물이나 벼, 채소 등이 말라 흉년이 들게 될 것이며 마실 물도 없어질 거예요. 그래서 비는 언제나 적당히 내리는 것이 가장 좋답니다.

첫째 온난전선에 의하여 이며

둘째 한랭전선에 의하여 이고

셋째 지형에 의하여 이며

넷째 저기압에 의하여 입니다.

날씨가 궁금해?
4 구름이 생기는 까닭은?

 높은 가을하늘을 바라보면 여러 가지 모양의 구름들이 뭉게뭉게 떠 있는 모습을 보게 되는데 공기는 더워지면 하늘로 올라가고 이 공기 중의 수증기는 하늘의 온도가 낮아 작은 물방울이나 얼음 알갱이가 되어 떠 있는데 이것이 구름입니다.

 구름은 계절에 따라 각각 다른 모양을 하고 있는데 여름에는 적운, 적란운 등이 있으

첫째, 저기압으로 기류가 흐르게 되면 상승기류가 생겨 구름이 생기고

둘째, 공기가 산비탈을 따라 올라갈 때에 구름이 생기며

며 가을에는 권운, 권적운 등을 많이 볼 수 있고, 그리고 비가 내리기 전에는 적란운, 고층운 등이 떠 있는 것을 볼 수 있습니다.

또 날씨는 하늘에 떠 있는 구름의 양(운양)에 따라서 맑음(운량0-2), 갬(운량3-7), 흐림(운량8-10)으로 구별하고 있습니다.

수증기가 식는 방법에 따라서 여러 가지 모양의 구름이 떠 있을 수도 있으며 구름의 종류도 여러 가지 랍니다.

구름은 공기 속에 티끌 같은 먼지나 연기 등이 떠 있을 때 생기는데 이것은 그 알갱이를 중심으로 수증기가 모여 물방울이 되기 쉽기 때문이며 이러한 원리를 이용해서 비행기로 재를 뿌려 인공구름을 만들기도 합니다.

셋째 강한 햇볕에 가까이의 공기가 더워져서 구름이 생깁니다.

날씨가 궁금해?
5 엘리뇨 현상이란 무언인가?

엘리뇨 현상 때문에 세계 곳곳에서 피해를 보고 있는데 아프리카 사하라 남쪽에는 가뭄이 심해 옥수수가 말라 죽고 또 오스트레일리아에서는 가뭄으로 물과 목초가 부족해지므로 가축들을 무더기로 도살했고 반대로 남쪽에는 홍수가 나서 수많은 집과 농작물의 침수 피해를 입고 있는데 이러한 무서운 엘리뇨 현상이 왜 생기는 걸까요?

엘리뇨 현상이 나타나면 따뜻한 바닷물이 머물러 있는 동태평양에는 많은 비가 내리고 있으며 동남아에서는 심한 가뭄으로 인하여 고통을 당하고 있습니다.

엘리뇨 현상

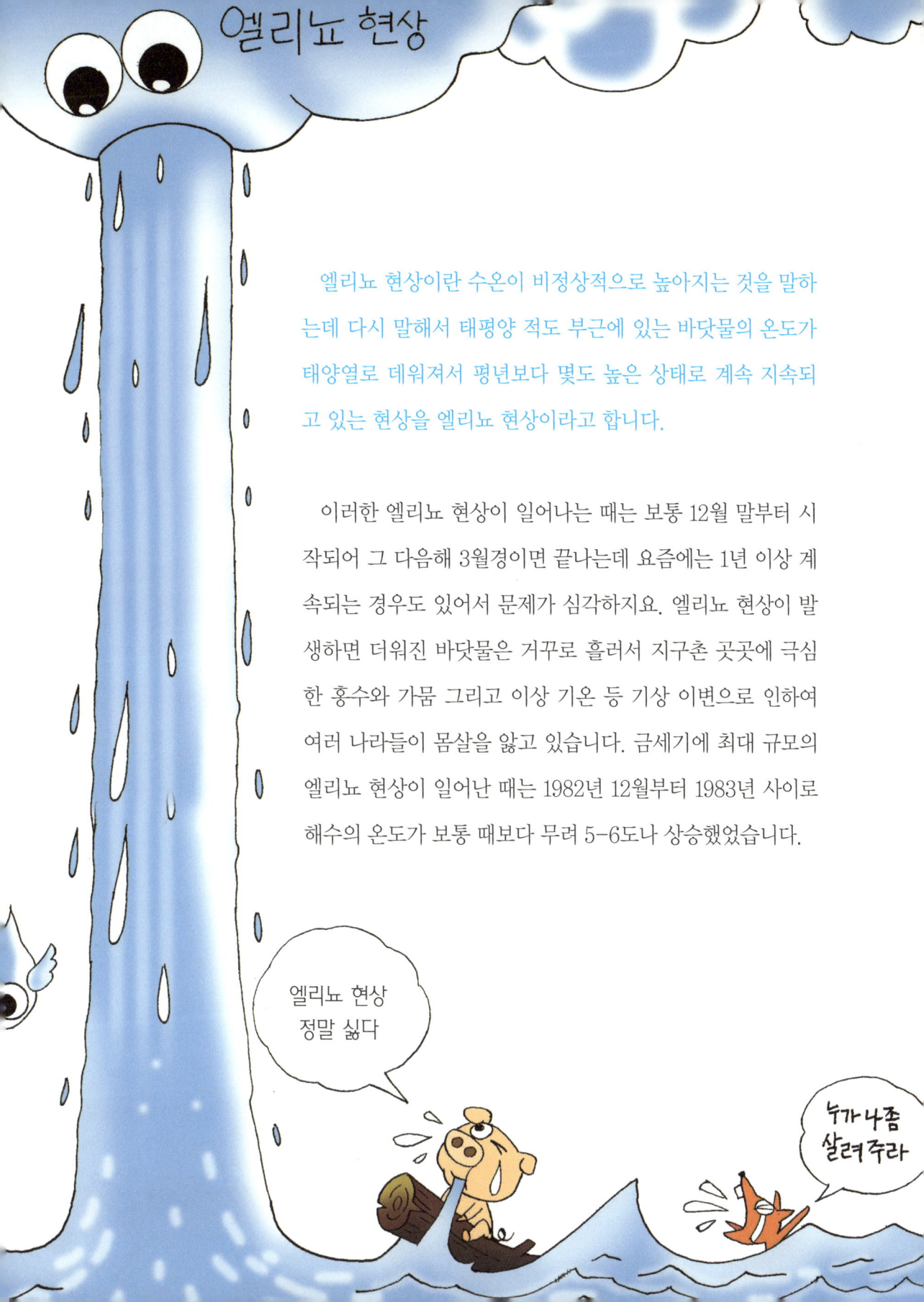

엘리뇨 현상이란 수온이 비정상적으로 높아지는 것을 말하는데 다시 말해서 태평양 적도 부근에 있는 바닷물의 온도가 태양열로 데워져서 평년보다 몇도 높은 상태로 계속 지속되고 있는 현상을 엘리뇨 현상이라고 합니다.

이러한 엘리뇨 현상이 일어나는 때는 보통 12월 말부터 시작되어 그 다음해 3월경이면 끝나는데 요즘에는 1년 이상 계속되는 경우도 있어서 문제가 심각하지요. 엘리뇨 현상이 발생하면 더워진 바닷물은 거꾸로 흘러서 지구촌 곳곳에 극심한 홍수와 가뭄 그리고 이상 기온 등 기상 이변으로 인하여 여러 나라들이 몸살을 앓고 있습니다. 금세기에 최대 규모의 엘리뇨 현상이 일어난 때는 1982년 12월부터 1983년 사이로 해수의 온도가 보통 때보다 무려 5-6도나 상승했었습니다.

엘리뇨 현상 정말 싫다

누가 나좀 살려주라

과학상식 100가지 6
날씨가 궁금해?
산성비란 무엇인가?

산성비의 피해를 빨리 받게 되는 것은 나무와 물고기 그리고 흙인데 흙에는 그 자체에 이온 교환능력이 있으며 강한 완충력을 가지고 있으므로 산성인 것들을 중화 시킬 수 있어서 다행이므로 이러한 산성비는 왜 내리는 걸까요?

그러나 강한 산성비 때문에 흙에 대한 영향도 확실히 진행되는데 강한 산성비 때문에 토양에서 알칼리 성분이 빠져나가고 차츰 산성화 되므로 유럽에서는 늦어도 21세기 초에는 큰 피해가 일어날 것이라며 벌써 걱정들을 하고 있답니다. 화력발전소에서 전기를 일으키고 공장에서 물건을 만들려면 석유나 석탄 등의 연료가 필요한데 이러한 연료에서는 황성분이 들어 있기에 태우고 나면 아황산가스가 배출되며 또 자동차나 비행기에 쓰이는 연료에서는 질소산화물이 나옵니다.

또 산성비가 오는 구나

우리는 어떡하라고

앗! 산성비다 자기 어서 피해

이 아황산가스와 질소산화물이 대기 중에 있는 수증기나 햇빛 등이 만나 질산이나 황산으로 변하는데 이것이 비에 섞여 내리므로 바로 산성비가 되어 내리는 겁니다.

산성비를 많이 맞게 되면 두피가 상해 머리가 많이 빠질 수 있으며 산성비가 상수원에 흘러가서 오염된 수돗물을 마시게 되면 무서운 질병에 걸릴 수도 있습니다. 그리고 산성비로 인하여 흙에 피해가 나면 큰일입니다. 흙은 지상의 생명뿐 아니라 흙 속에 있는 생명들을 지켜 주는 중요한 존재이며 만일 피해가 계속 늘어난다면 생태계는 완전히 파괴되고 말 것입니다.

날씨가 궁금해?
7. 번개를 치는 이유는?

벼락은 하늘에서도 떨어지지만 때로는 상, 하 좌우에서 종횡무진으로 다가오는 수도 있고 또 구름에서 구름으로 날아가는 것도 있으며 땅 위를 기어가는 것도 있고 다시 지면에서 구름을 향하여 올라가는 성질의 것도 있습니다. 특히 산에서 떨어지는 낙뢰에는 주의를 해야 하고 바위 밑이나 나무 밑으로 피신하고 습한 지면에서도 피해야 합니다.

번개를 치는 이유는 구름과 땅에서 양전기와 음전기를 방전하여 서로 부딪쳐 번개와 천둥을 치게 됩니다.

번개를 치는 이유는 구름에는 양전기를 띤 것과 음전기를 띤 것이 있는데 구름이 크면 전기의 힘도 그만큼 커져 많은 양의 전기가 그 사이를 급히 흐르게 되는데 이것이 공기 속을 지날 때에 나는 소리가 천둥이고 이때 생기는 빛이 번개불인데 적란운이 많이 끼면 천둥, 번개를 치는데 구름과 땅 사이에서도 방전이 일어나며 이를 벼락이라 하고 이 벼락을 막는 장치가 바로 피뢰침입니다.

번개와 우뢰는 선택성이라는 특이한 성질을 지니고 있는데 벼락을 맞은 100그루 가운데 참나무가 54회로 벼락을 맞은 횟수가 가장 많았고 백양나무는 24회이고 소나무는 6회, 배나무와 앵두나무는 각각 4회였으며 한편 단풍나무는 단 한 번도 벼락을 맞은 일이 없었답니다. 그리고 또 1968년 어느 날 프랑스에서는 한차례 소나기가 내려 한 무리의 면양이 벼락을 맞았는데 검은 양은 모두 타 죽었는데 흰 양은 벼락을 맞지 않았다고 합니다.

과학상식 100가지

8 날씨가 궁금해?
태풍이 생기는 이유는?

태풍전야라는 말이 있듯이 무서운 태풍이 불어오는 전날 밤에는 날씨가 아주 맑은 모습을 볼 수 있는데 우리나라에는 태풍이 7월에서 9월 사이에 자주 오며 큰 태풍이 올 때마다 건물들이 파괴되고 나무와 전신주 등이 쓰러져 큰 피해를 입는데 도대체 이런 태풍은 왜 생기는 걸까요?

태풍은 중심일수록 기압이 높으므로 주위의 공기가 반시계 방향으로 중심 쪽을 향하여 불어 대는데 그 때문에 중심 쪽에 가까울수록 바람이 강해지는데 중심 가까운 곳에서는 바람이 너무 강하게 회전하므로 바깥쪽으로 향하는 원심력도 강해지며 양쪽의 힘이 균형을 이루는 곳에서부터 안쪽으로는 바람이 불어 들어갈 수가 없어서 그 주변을 빙글빙글 돌게 되는데 그것이 곧 태풍의 눈입니다. 태풍이 생기는 이유는 바닷물이 열

을 얻으면 수증기가 되며 상승기류를 타고 상층으로 올라가고 그리고 상공에 올라가면 식어져서 다시 물방울로 변하여 이열로 주위를 공기로 데우면 공기는 다시 상승하여 정상에서 사방으로 분출합니다.

태풍에 미리 대비 합시다.

레이더로 태풍을 추적하고 ⇨ 천기도를 만들며 ⇨ 태풍주의보를 방송하며 ⇨ 어부는 배를 끌어 올리고 ⇨ 해일에 대비해야 하며 ⇨ 집이나 나무를 튼튼히 하고 ⇨ 농작물을 주의해야 합니다.

분출되는 힘은 점점 더 강해지며 지구의 자전에도 영향을 주어 지표 가까이에서는 소용돌이가 일어나면서 속도를 더해 가는데 중심의 풍속이 17m를 넘어서면서 태풍이 됩니다. 이렇게 하여 태풍은 점차 에너지를 축적해가고 있는데 물 - 수증기 - 물로 변화할 때에 생기는 에너지가 태풍의 에너지인데 현재 지구의 평온 기온은 상승경향에 있으며 지구 전체가 온난화 되고 있습니다. 그러나 아무리 센 태풍이라도 전성기가 지난 다음에는 점점 약해지다가 결국에는 소멸하고 말지요.

과학상식 100가지 9

날씨가 궁금해?
바람이 부는 까닭은?

산 위에서 부는 시원한 바람 그 바람은 고운 바람 시원한 바람 무더운 여름에 땀 흘리며 일하던 사람들은 시원한 바람이 불어오면 얼마나 고마워하는지 모른답니다. 이러한 바람은 도대체 어떻게 해서 불어올까요?

돛단배가 바람을 타고 바다 위를 미끄러져 내달리는 모습을 보면 정말 아름답습니다. 그러나 추운 겨울바람은 사람들의 옷깃을 여미게 하지요. 바람이라는 것은 두 가지로 생각할 수 있는데 첫째는 우리들의 주위에서 부는 바람이 있는데 즉 국부적인 바람이고 둘째는 세계 전체로부터 부는 바람인데 즉 지구를 둘러싸고 있는 대기의 대규모의 움직임입니다.

우리들의 작은 구역이라도 기압이 높은 곳과 낮은 곳이 생기는 수가 있으며 그렇게 되면 기압이 높은 쪽에서 낮은 쪽으로 바람이 불게 된답니다.

바닷가에 사는 사람들은 그 실례를 매일 경험할 수 있는데 낮에는 태양의 열로 육지 쪽이 더 따뜻해지기 때문에 육지의 공기는 가벼워져서 위로 올라갑니다. 그것을 메우기 위해 바다 쪽에서는 시원한 바람이 불어오고 밤이 되면 반대로 육지는 물보다 차게 식기 때문에 물 위의 따뜻한 공기가 위로 올라가는데 그 뒤를 메우기 위해서 육지에서 산들바람이 바다 쪽으로 불어 갑니다. 이와 똑같은 일이 지구 전체에 부는 대규모의 바람에서도 일어나고 있으며 지구상에서 가장 더운 곳은 적도 부근이며 해서 적도의 부근에서는 언제나 따뜻한 공기가 하늘을 향해 올라가고 있으며 상공으로 올라간 공기는 둘로 갈라져서 북쪽과 남쪽으로 향한답니다.

과학상식 100가지

10 날씨가 궁금해?
눈이 내리는 이유는?

썰매를 타고 달리는 기분 상쾌도 하다아~ 징글벨 징글벨 하며 여기저기에서 들려오는 크리스마스 캐롤송 그리고 하얀 눈을 헤치며 선물을 가득 실은 썰매를 타고 달려오는 산타할아버지를 생각하게 하는 하얀 눈의 계절 이러한 아름다운 눈은 왜 내리는 걸까요?

눈이 내리는 이유는 대개 겨울이 되면 기온이 내려가 공기 속의 수증기는 공기 속에 있는 작은 먼지를 중심으로 하여 작은 얼음의 결정을 만드는데 이것이 땅 위에 떨어진 것이 눈입니다.

온도가 0°C 이하면 구름속의 수증기가 얼어 눈이 되어 내립니다.

　우리나라는 겨울이 되면 기온이 내려가고 시베리아나 몽고의 차가운 바람이 불어옵니다. 이때면 우리나라 어느 곳이나 눈이 내리는데 특히 높은 산으로 막혀 있는 영동지방에는 더욱 많은 눈이 내립니다.

　눈을 돋보기로 잘 살펴보면 새 깃이나 6각의 꽃잎처럼 아름답게 생겼으며 눈의 결정이 모두 제각각인 것은 수증기의 양과 온도가 다르기 때문입니다. 눈의 성질은 잘 달라붙고 뭉치면 단단해지며 녹으면 부피가 줄며 쌓이면 무겁고 더워지면 물이 되고 굳어지면 미끄럽고 살에 닿으면 아주 차갑습니다.

과학상식 100가지

11 날씨가 궁금해?
저녁때 지는 해가 크게 보이는 이유는?

붉게 물든 노을은 정말 아름답습니다. 그런데 우리의 머리 위에 떠 있는 해를 바라보면 그렇게 커 보이지 않는데 저녁때 저 멀리 수평선 위에 두둥실 떠 있는 지는 해를 바라보면 유난히 크게 보이는 이유는 무엇일까요?

사실은 아침에 뜨는 해나, 낮에 우리들의 머리 위에 떠 있는 해 또는 저녁때 수평선 위에 떠 있는 해의 크기는 모두 똑같습니다. 사람들은 하늘을 마치 사발을 엎어 놓은

저녁 해가 왜 크게 보이는 거야

나무와 건물 등이 같이 보이기 때문에 크게 보이는 거란다

와아 해 따러 가자

달 안

모양이라고 생각하기가 쉬운데 실제로 우리가 느끼고 있는 하늘은 움푹한 접시를 덮어 놓은 것처럼 편평한 모양이지요.

  태양이나 달은 그 편평한 하늘에 투영된 모양으로 보이는 까닭에 머리 위쪽에 있을 때보다 지평선 가까이로 기울어져 있을 때의 해가 더 크게 보이는 것입니다.

  그럼 이런 실험을 해 보면 그 이유를 알 수 있을 거예요. 시커멓게 감광된 필름을 한 쪽 눈에 대고 다른 손으로는 구멍 뚫린 동전을 두 손가락으로 잡고 팔을 멀리 쭉 뻗어 그 구멍 속으로 해를 바라보고 있다 보면 어느 샌가 해가 동전 구멍 속에 다 들어오게 될 것입니다. 그럼 왜 저녁에 지는 해가 크게 보였을까요? 그것은 우리가 하늘을 볼 때 상공은 낮고 수평방향은 멀다고 착각하기 때문이랍니다. 하늘의 모양이 편평하다고 착각하는 것은 인간의 시야가 상하보다 수평방향으로 펼쳐져 있기 때문이며 하늘에는 보이는 것이 없지만 지평선 방향에는 나무와 건물 등 보이는 것이 많아 저녁때 지는 해가 유난히 더 크게 보이는 겁니다.

과학상식 100가지 12

날씨가 궁금해?
수증기란 무언인가?

주전자에 물을 넣고 끓여 보면 주전자의 뚜껑이 들썩들썩 거리는 것을 볼 수 있는데 이것은 물이 수증기가 되어서 부피가 엄청나게 커지기 때문인데 이러한 수증기는 차가운 공기에 닿으면 뿌옇게 보이는 수증기를 눈으로 확인 할 수 있으며 이것은 수증기가 찬 공기에 닿아 물방울로 변한 것입니다.

수증기란 액체인 물이 기체로 변한 것을 수증기라고 하는데 공기 속에는 수증기가 들어 있으며 만약 수증기가 없다면 너무 메말라 우리들이 생활하기가 매우 불편할 거예요.

물을 증발시키면 수증기가 되는데 부피는 약 1,700배가 늘어나며 이러한 수증기의 힘을 이용한 것이 바로 증기기관차이며 그리고 화력발전소 또 원자력발전소 등이며 이 밖에도 물은 원자력선을 움직이는 데에도 이용되고 있습니다.

물이 끓고 있을 때 팔랑개비를 대보면 뿜어 나오는 수증기의 힘으로 뱅글뱅글 돌아가는 모습을 볼 수 있습니다. 이러한 수증기는 공기 속에 포함된 정도를 습도라고도 하며 원래 수증기는 빛깔도 없고 냄새도 없으며 그리고 우리 입에서 나오는 수증기와 햇볕이 따가울 때 냇물에서 올라가는 수증기 등은 공기 속에서 식어 이슬이나 안개가 되고 온도가 더 내려가면 서리가 됩니다.

공기 속의 수증기 실험

물이 유리관을 통과한 것처럼 보이며,

물방울이 유리관을 튀어 나온 것처럼 착각합니다.

그러나 이것은 공기 속의 수증기가 달라붙은 것입니다.

날씨가 궁금해?
정전기는 왜 생기는 걸까?

정전기는 합성 섬유로 된 옷을 갈아입을 때나 머리를 빗을 때도 그리고 추운 겨울이 되면 온몸을 전기로 충전한 것처럼 찌릿찌릿 발생하는 것을 경험해 본 일이 있습니다. 그런데 이렇게 기분 나쁜 정전기는 왜 생기는 걸까요?

정전기가 발생하는 가장 중요한 환경 요인은 습도이며 습도가 높은 날에는 정전기의 대부분이 물기를 통해 공기로 빠져나가므로 정전기가 일어나는 일은 극히 드물지요.

정전기는 습한 여름보다는 건조한 겨울에 잘 발생합니다.

자를 옷에 문질러서 머리카락에 대보면 정전기 때문에 머리카락이 일어나는 모습을 볼 수 있습니다.

야~ 진짜 신기하다.

　정전기라는 것은 말 그대로 흐르지 않고 머물러 있는 전기라고 하는데 정전기가 생기는 이유는 물질을 이루는 원자의 구조와 밀접한 관계가 있습니다.

　보통 습도가 65-90% 일 때에는 1,500V의 정전기만 생기고 가정에 들어오는 전압이 220V인 것을 생각해보면 정전기가 매우 위험한 것처럼 생각할 수 있으나 정전기는 전압이 높은 대신 전류가 낮기 때문에 그런 걱정은 할 필요가 없답니다. 옷을 입을 때 생기는 정전기는 성질이 다른 섬유끼리 부딪쳐 전자가 이 옷에서 저 옷으로 이동하면서 겨울엔 춥고 건조한 날씨가 많으므로 이러한 날에는 정전기가 더 많이 발생합니다. 그리고 정전기의 발생은 여성보다 남성이 또 뚱뚱한 체질보다는 마른 체질이 더 민감한데 여자나 뚱뚱한 체질은 몸 안에 지방이나 수분이 많기 때문이지요. 정전기를 줄이는 방법은 옷을 빨 때 섬유 린스로 헹구고 수분을 충분히 공급해 주는 것도 하나의 방법입니다.

과학상식 100가지 14

날씨가 궁금해?
구름 색깔에 따라 비의 양도 다른가?

하늘에 떠 있는 하얀 비구름이나 회색구름을 보면 왠지 오늘은 적은 양의 비가 오겠구나 하는데 검은 구름이 몰려오면 많은 비가 올 것 같은 예감이 드는데 그것은 사실입니다. 구름의 색깔에 따라서 비의 양도 다르기 때문이지요.

구름이 하얗거나 회색층상의 구름이 하늘을 가득 덮고 있을 때에는 가는 비가 오래 내리고 시커먼 구름이 뭉게뭉게 적운상으로 몰려 올 때는 세찬비가 단시간에 쏟아집니다. 그렇다면 구름의 색깔이 다르면 왜 비의 양도 다를까요? 층상의 구름 속은 상승기류가 그렇게 강하지 못하며 그 때문에 물방울은 서서히 만들어지고 조금 커지면 낙하하고 말지요. 또 시커먼 적운상의 구름에는 결렬한 상승기류가 있는데 그 때문에 큰 물방울이나 우박이 급속도로 만들어지는데 강한 상승류가 지탱하여 주기 때문에 여간해서 낙하되지 않은 채로 구름 위쪽에 고여 있지요.

얘야 감기 든다 우산 가지고 가거라

이 정도 비는 괜찮아요

따아식 그래도 지가 사내라고

그러나 물방울이 지나치게 많아지거나 상승 기류가 다소 약해지면 물방울은 단숨에 떨어지기 시작하여 마치 바가지로 물을 퍼부어 내듯이 비를 쏟아 내는 것입니다. 비의 양의 상태는 구름 속의 기류의 강도에 따라 달라지는 것입니다.

하얀 구름이거나 약간 회색빛 구름은 가는 비가 내리지만 비의 양은 적으며 검은 구름은 우박이나 강한 비가 쏟아져 많은 양의 비가 올 수가 있습니다.

과학상식 100가지 15

날씨가 궁금해?
얼음은 왜 얼까?

추운 겨울 온도가 섭씨 0℃ 이하가 되면 연못이나 냇물 또는 강이 꽁꽁 얼게 되지요. 그러면 우리는 얼음위에서 썰매나 스케이트를 타며 놀기도 하는데 이런 얼음들은 과연 왜 얼게 될까요?

바다에서 고기를 잡은 어부들은 얼음으로 생선을 상하지 않게 한답니다. 우리는 얼음으로 팥빙수나 빙과류도 해 먹지요. 또 집에 있는 냉장고에도 얼음이 업니다. 얼음이란 액체인 물이 고체로 변한 것이랍니다. 얼음이 어는 이유는 물이 주위의 차가워진 쇠붙이나 돌등에 열을 빼앗기기 때문입니다.

물이 얼 때에는 물의 겉면부터 얼기 시작하며 차가워진 물체에 맞닿는 곳부터 입니다. 무더운 여름에도 물을 섭씨 0℃ 이하로 하면 얼음을 만들 수 있는데 냉장고에 얼음이 어는 것은 냉장고 속을 섭씨 0℃ 이하로 온도를 내렸기 때문이지요.

날씨가 0℃ 이상일 때는 얼음이 얼지 않지만

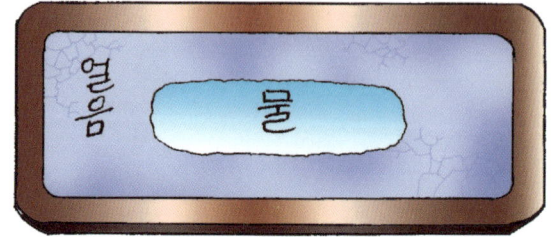

날씨가 0℃ 이하로 내려가면 얼음이 얼기 시작한답니다.

그리고 얼음이 얼면 얼기 전의 물보다 부피가 10분의 1가량 커지고 산 같은 빙산이 물위에 떠 있는 것은 물보다 얼음이 가볍기 때문이며 병 속에 물을 넣어 얼리면 깨지고 추운겨울에 집집마다 수도관이 터지는 것은 얼음이 되면 부피가 커지기 때문이지요.

얼음은 음식물을 상하지 않게 하는 등에 쓰이며 또 각종 음료수를 만들기도 한답니다.

과학상식 100가지 16

날씨가 궁금해?
자외선으로 피부암에 걸릴 수 있을까?

해수욕장에서 수영을 하거나 등산을 하다 보면 햇빛에 의하여 우리도 모르게 피부가 검게 타 있는 것을 볼 수 있는데 이것은 모두 자외선의 작용에 의한 것입니다. 자외선은 하루 중 오전 10시부터 오후 2시까지가 가장 강하며 1년 중에는 4-8월이 강하며 그중에서도 특히 5월이 가장 강하답니다.

자외선은 적외선과 마찬가지로 불가시광선이며 파장이 0.01-0.4 정도의 전파인데 가시광선 중에서 가장 파장이 짧은 보랏빛의 바깥쪽에 있으므로 자외선이라고 합니다.

일광욕을 너무 오래 하면

피부를 검게하고

기미와 죽은 깨를 짙게 만들고

피부암에 걸리기가 쉬워요.

피부암 환자

자외선은 건강한 피부를 만들기도 하고 비타민D를 만들어 내어 곱사병을 예방하며 살균작용도 하지만 일광욕을 너무 오래하면 피부를 검게 만들거나 기미와 주근깨를 아주 짙게 하기도 하고 또 피부암에 걸리게 할 위험성이 높습니다.

지구는 태양으로부터 강한 자외선을 받고 있으나 지상에서 약 30Km의 상층 대기 중에 있는 오존층에 의하여 자외선의 대부분이 흡수되며 공기속의 먼지나 물방울에 의하여 방향이 바뀌고 흩어지므로 지상에서 오는 자외선은 매우 적습니다. 그리고 햇볕에 오래 노출되다 보면 표피 내부의 수분이 줄어들며 피하지방도 감소하여 피부의 탄력을 잃게 되어 그것은 곧 주름살을 만드는 원인 제공이 되기도 합니다.

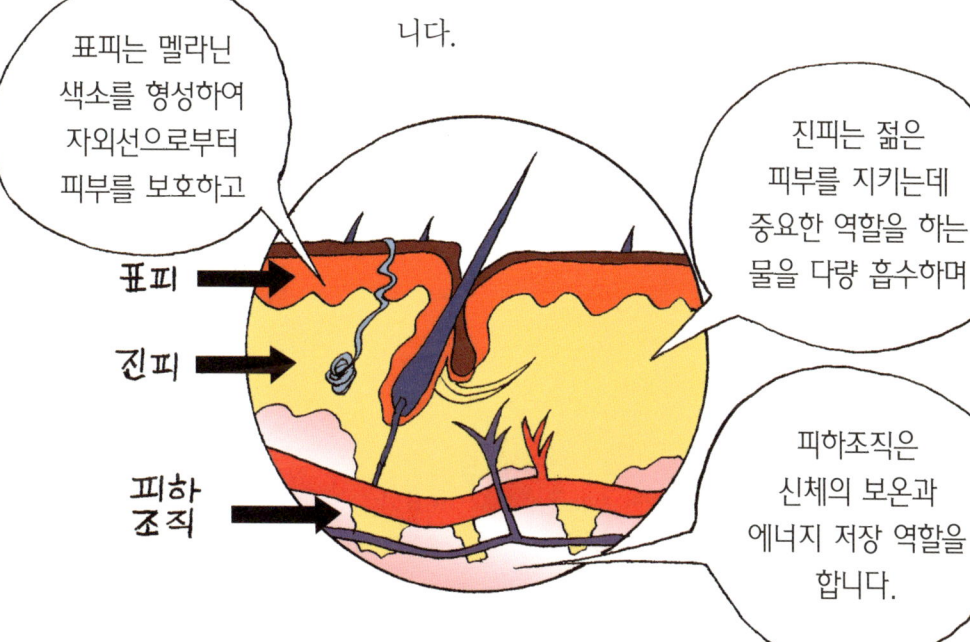

과학상식 100가지 17

날씨가 궁금해?
여름철에 빨래가 잘 마르는 이유는?

장마철이 되면 햇빛을 거의 볼 수 없기 때문에 이불 빨래나 옷들이 집안에 여기저기 널려있고 그 빨래들이 잘 마르질 않아 주부들이 걱정하는 모습을 볼 수 있습니다. 그러나 한 여름철에는 아무리 습도가 높더라도 빨랫감은 금방 마르게 되는데 왜 여름철에는 빨래가 잘 마르는 걸까요?

　겨울철에 태평양 쪽에는 맑은 날씨가 이어지고 이상건조주의보도 발령되는 수가 종종 있는데 그래도 여름철 보다는 빨래가 마르는 시간이 길기만 합니다.
　그 이유는 대기 속의 수분허용량이 기온에 비례하여 많아지기 때문이지요.

　기온이 높은 한여름에는 아무리 습도가 높다 해도 대기 속의 수분허용량이 많으므로 빨래들의 수분은 증발이 잘 되고 겨울철에는 기온이 낮아지면 낮아질수록 허용량은 줄어드는 것입니다. 건조한 북풍이 몰아치는 바깥보다도 난방이 되어 있는 따뜻하고 습기 있는 실외에서 빨래가 잘 마르는 이유도 이런 이유 때문이라고 합니다.

과학상식 100가지

18. 날씨가 궁금해?
남극과 북극은 얼마나 추운가?

남극에는 펭귄과 고래 그리고 바다표범과 여러 종류의 물고기와 조개 종류나 새우 등이 살고 있으며 북극에는 북극곰과 바다표범 그리고 북극 여우와 순록과 북극 토끼 및 뇌조 등이 살고 있습니다. 이러한 남극과 북극은 과연 얼마나 추울까요?

남극에서는 9월부터 다음해 3월까지는 밤에도 해가지지 않으며 커다란 육지에는 대륙빙이 솟아 있고 가장 추운 때에는 영하 42℃ 이나 연평균 기온은 영하 11℃로 강풍이 몰아칩니다. 1911년 노르웨이의 아문센이 처음으로 지구의 제일 남쪽 끝에 있는 남극점 탐험에 성공했으며 그러나 남극은 여러 나라가 조사해 왔지만 알 수 없는 일들이 많으며 요즈음은 여러 나라의 관측대가 나아가서 남극의 바다와 얼음, 기후, 지진 따위의 여러 가지를 조사하고 있습니다. 남극은 남극점을 가리키지만 대체로 남극점을 중심으로 한 지방을 말하는 것입니다. 북극은 북극점을 가리키지만 일반적으로 북극점을 포함하여 북극해를 중심으로 한 지역을 말하며 남극과 같은 커다란 육지는 볼 수 없고 넓은 북극해는 섬들로 둘러싸여 있으며 남극에 비해 따뜻하고 겨울의 기온은 영하 20℃ 이며 여름에는 0℃ 가량 되고 눈이나 눈보라도 적습니다.

1909년에 미국의 피어리가 처음으로 북극점 탐험에 성공한 이후 북극에는 석유나 석탄 등이 많이 묻혀 있음이 밝혀졌고 항공, 미사일, 레이더 등의 기지로도 중요하여 많은 개발이 시작된 곳입니다. 북극은 얼음바다로 뒤덮여 있습니다.

과학상식 100가지 19
날씨가 궁금해?
서리는 왜 내리는 걸까?

맑은 날씨 그리고 바람이 없는 추운 겨울날 아침에 나뭇잎이나 유리창에 하얗게 서리가 앉아 있는 것을 볼 수 있는데 **서리는 공기속의 수증기(물이 보이지 않는 가스처럼 된 것)가 차가와 져서 땅바닥이나 나뭇잎에 얼어붙은 것이랍니다.**

그리고 추운 겨울 아침 유리창에 얼음이 낀 것은 성에라고 하며 서리가 내리면 채소 같은 연한 식물은 금방 시들기 쉽기에 농민들은 서리막이를 만들어 보호합니다. 또 추운겨울 부드러운 땅에 흙을 얹은 채 기둥처럼 부풀어 올라 있는 것을 서리 기둥이라 하는데 이것은 날씨가 갑자기 추워지자 땅속의 물기가 얼어서 흙을 떠받치게 된 것인데 농촌에 이른 봄에 사람들이 보리밭을 밟아 주는 것도 이 서리 기둥 때문인데 어떤 것은 철도를 떠받쳐 들어올릴 만큼 센 것도 있습니다.

 땅바닥의 온도가 내려가 물이 얼어서 기둥처럼 솟아오른 서리 기둥입니다.

 서리 기둥은 표면의 흙이 얼음의 기둥에 떠받쳐 생깁니다.

 응달에서는 2층 3층의 서리 기둥도 생깁니다.

 서리는 햇볕이 닿으면 녹아 버립니다.

날씨가 궁금해?
바람이 불면 먼지가 생기는 까닭은?

운동회 하는 날 바람이 불면 뿌연 먼지가 운동장을 뒤덮는 모습을 볼 수 있습니다. 이러한 먼지는 고체나 액체의 아주 작은 낱알로 된 것으로서 작고 가볍기 때문에 밑으로 떨어지지 않고 공기 속을 이리저리 떠다니는 것이 먼지랍니다.

이러한 먼지는 흙이나 모래, 쓰레기나 먼지가 바람에 날려 올라가는 수도 있지만 죽은 동식물에 의해서 생기는 수도 있으며 곰팡이의 포자나 아주 작은 생물의 알이 섞여 있는 수도 있고 바닷물의 소금과 사막의 모래 또는 화산회가 있는 반면 공장에서 나오는 연기나 재, 그리고 그을음 따위도 있습니다.

　그러나 먼지는 우리의 생활에도 커다란 영향을 가지고 있는데 공중의 위쪽에서 공기 속에 들어 있던 수증기가 응결하여 자잘한 물이나 얼음의 낱알이 생기며 여기에서 구름이나 안개가 생깁니다. 또한 낱알이 더욱 커져서 자신의 무게 때문에 땅 위로 떨어지면 비나 눈이 됩니다.

　만약 공기 속에 먼지가 하나도 없다면 비나 눈이 오는 일은 지금보다 훨씬 줄어들 거예요. 그렇게 되면 지구상의 날씨가 크게 변화 시킬 것이며 나아가서는 지구에 사는 식물이나 동물, 인간의 생활에도 심각한 영향을 끼칠 것임에 틀림이 없습니다.

21 지구가 궁금해? 지진이 일어나는 이유는?

지진이 일어나면 도로가 갈라지고 다리가 부서지고 건물이 무너지며 기차가 탈선해서 수많은 인명피해를 입고 집을 잃은 이재민이 생기며 그리고 피해를 복구하려면 막대한 국가적인 손실을 가져오는 무섭고 소름이 끼치는 지진은 왜 일어나는 걸까요?

지진의 강한 정도는 진원지로부터 100Km 떨어진 곳에서 지진계로 재며 화물열차가 지날 때나 공사장에서 쇠기둥을 박을 때는 그 진동이 부근의 집까지 전해져 울리는 것을 알 수 있습니다. 이처럼 자연히 땅이 울리는 것을 지진이라고 하는데 심할 때는 우리들에게 많은 피해를 안겨다 주기도 한답니다.

　지진이 일어나는 이유는 화산이 폭발하여 마그마가 뿜어 나올 때 그 진동이나 마그마의 이동으로 일어나며 땅속 깊은 곳의 지층이 꺼지거나 지층이 엇갈릴 때 일어납니다.
　그리고 바다 속에 지진이 생길 때에는 무서운 해일이 일어나며 화산이 많은 곳에서 지진이 많습니다. 지진의 진도가 4일 때에는 집이 크게 흔들리고 꽃병이 굴러 떨어지고 진도가 7일 때에는 집이 무너지고 도로가 크게 갈라지는데 세계에서 지진이 많은 곳은 태평양을 둘러싼 환태평양 지진대입니다.

지구가 궁금해?
지구와 태양의 거리는?

 태양의 둘레를 한번 도는데 수성은 88일이나 걸리고 지구는 365일 그리고 명왕성은 248년이 걸립니다. 태양의 지름이 139만Km 지구 지름의 105배이며 겉면적은 지구의 12,000배이고 부피는 지구의 130만 배나 되는 불덩어리인데 무게는 지구의 33만 배로 태양계의 혹성 전부를 합친 것 보다 750배나 더 무겁습니다. 이러한 어마어마한 태양과 지구의 거리는 얼마나 될까요?

 지구에서 태양과의 거리는 1억 4,960만Km로 1초 동안 지구를 7바퀴 반이나 도는 빛도 8분19초가 걸려야 태양까지 도달할 수 있으며 우리가 시속 4Km로 걸어간다면 4,300년이 걸리고 초속10Km의 초현대적 로케트로 달려도 반년이 넘어 걸리는 거리입니다.

태양의 표면을 광구라고 하는데 광구표면은 딱딱하지 않으며 광구주위를 둘러싸고 있는 엷은 가스층을 태양의 대기라고 하며 대개는 태양의 밝은 빛 때문에 잘 보이지 않습니다.

다만 개기일식 때에 달이 광구를 가리는 순간 그 주위가 불그스름한 빛으로 둘러싸이는 것을 볼 수 있는데 이것을 채층이라고 하며 특수망원경으로 채층을 보면 태양의 가장자리에 높이 수만Km의 불꽃이 솟구쳤다가 폭포처럼 쏟아져 내리는데 이것을 프로미넌스(홍염)라고 하며 또 채층보다 더 엷은 가스층을 코로나라고 합니다.

시속 1,000Km 가는 제트기는 17년 걸리고

시속 100Km 가는 기차는 170년 걸리며

시속 125Km 가는 자동차는 140년 걸리고

시속 4Km 걷는 사람은 무려 4,300년이나 걸립니다.

태양의 흑점은 1개씩 떨어져 있는 것도 있고 2개 이상의 흑점이 뭉쳐진 것도 있으며 보통 흑점은 동서로 나뉘어 나란히 늘어선 것이 있는데 이것을 쌍둥이 흑점이라고 부릅니다. 흑점은 주위의 온도보다 낮으므로 검게 보이는데 태양의 흑점은 보통 11년을 주기로 하여 많아졌다 적어졌다 하고 또 흑점은 점처럼 보이지만 실제로는 지름이 수백, 수만 Km나 되는 엄청난 것입니다.

지구가 궁금해?
23 화산이 폭발하는 이유는?

화산이 폭발하게 되면 가스와 함께 화산재 그리고 돌 부스러기 또 용암 등이 무섭게 흘러나와서 주변에 있는 나무와 집들을 삼키므로 주변에 살고 있는 사람들은 매우 위험합니다. 이러한 화산은 왜 폭발할까요?

화산은 우리나라의 백두산과 한라산은 유화산으로 그리고 백두산은 조선시대에 또 한라산은 고려시대에 폭발한 적이 있으며 화산이 폭발하는 이유는 땅속 깊은 곳이 매우 뜨겁기 때문에 바위가 죽같이 녹아 있는데 이것을 마그마라 하며 이 마그마는 가스

화산이 이루어지기까지를 보면

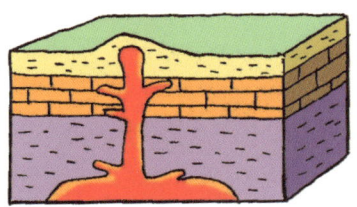

첫째 마그마가 솟고

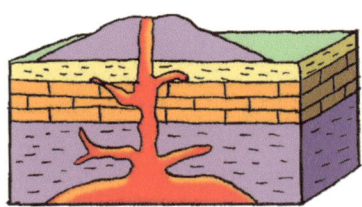

둘째 폭발하여 용암이 쌓이며

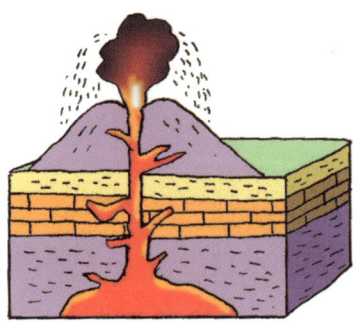

셋째 화산재가 쌓이고

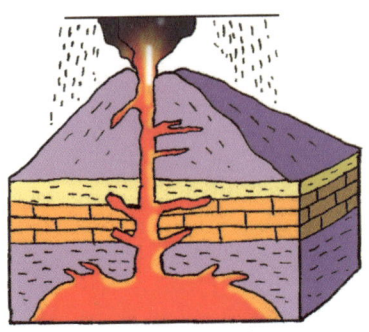

넷째 다시 용암이 쌓입니다.

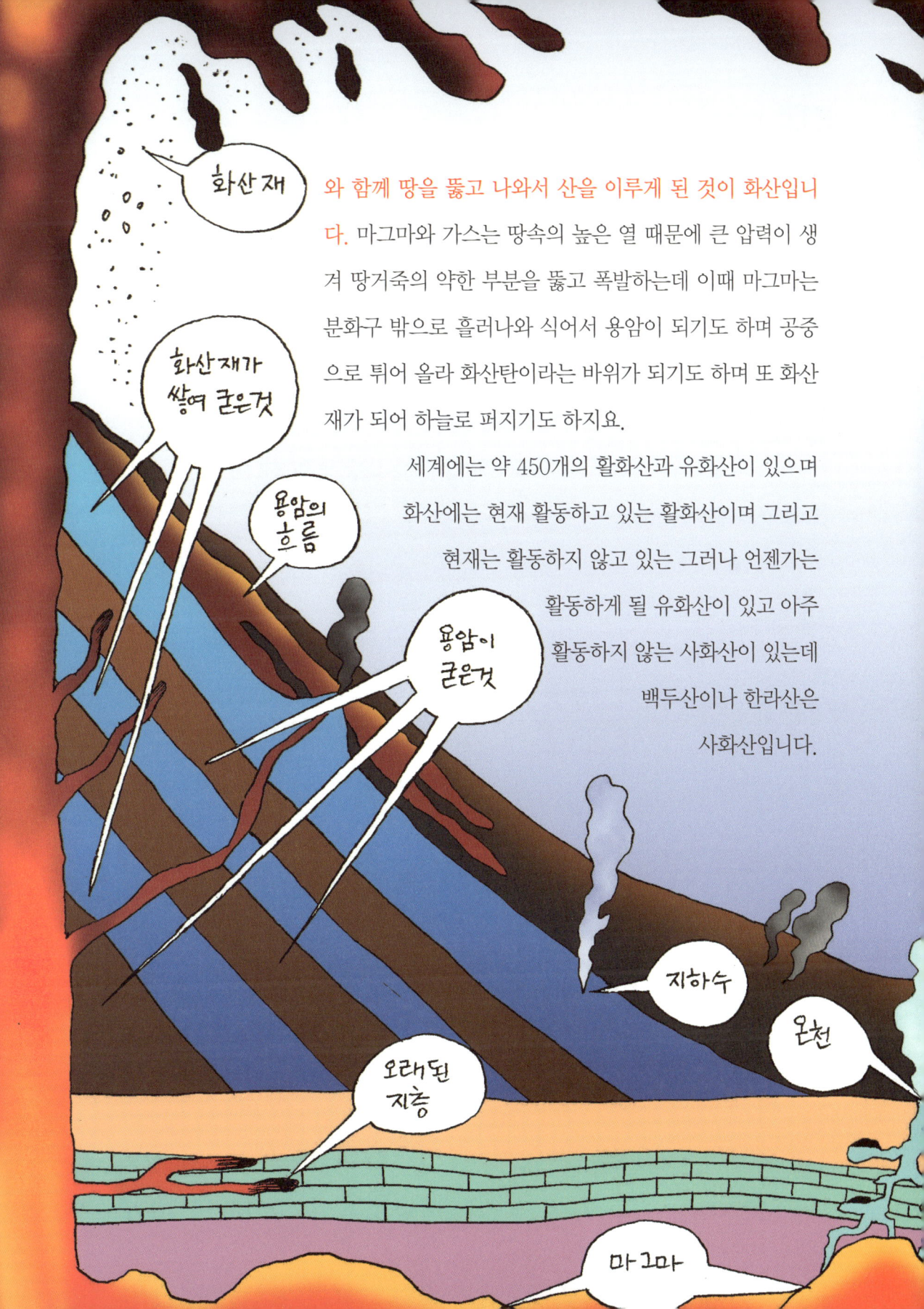

와 함께 땅을 뚫고 나와서 산을 이루게 된 것이 화산입니다. 마그마와 가스는 땅속의 높은 열 때문에 큰 압력이 생겨 땅거죽의 약한 부분을 뚫고 폭발하는데 이때 마그마는 분화구 밖으로 흘러나와 식어서 용암이 되기도 하며 공중으로 튀어 올라 화산탄이라는 바위가 되기도 하며 또 화산재가 되어 하늘로 퍼지기도 하지요.

세계에는 약 450개의 활화산과 유화산이 있으며 화산에는 현재 활동하고 있는 활화산이며 그리고 현재는 활동하지 않고 있는 그러나 언젠가는 활동하게 될 유화산이 있고 아주 활동하지 않는 사화산이 있는데 백두산이나 한라산은 사화산입니다.

지구가 궁금해?
24 태양의 흑점이 옮겨 다니는 이유는?

태양의 흑점은 1개씩 떨어져 있는 것도 있고 2개 이상의 흑점이 뭉쳐진 것도 있으며 대개 흑점은 동서로 나뉘어 나란히 늘어선 것도 있는데 이것은 쌍둥이 흑점이라고 부릅니다. 그런데 흑점은 왜 옮겨 다니는 걸까요?

태양의 흑점이 움직이는 것처럼 보이는 것은 사실은 태양이 동쪽에서 서쪽으로 자전하고 있기 때문에 흑점이 움직이는 것처럼 보이는 것이지요.

그리고 태양의 흑점이 검게 보이는 것은 주위의 온도보다 낮기 때문인데 태양의 흑점은 보통 11년을 주기로 하여 많아졌다 적어졌다 하며 또 흑점은 점처럼 보이지만 실

　제로는 지름이 수백, 수만 Km나 되는 엄청난 것이랍니다.
　태양의 흑점은 거의 2개로서 N극과 S극의 쌍으로 되어 있으며 태양의 내부에서는 표면에 가까운 곳에서 가스가 적도와 평행으로 대류하고 있는데 이 대류를 따라 자력선이 생기고 이 자력선 다발의 일부가 올라와서 태양표면으로 나온 것이 흑점입니다. 쌍둥이로 된 흑점에서는 자력선이 한 개의 흑점에서 나오고 다른 흑점으로 들어가므로 하나가 N극 또 다른 하나가 S극이 됩니다. 그리고 흑점에서 가끔 폭발이 일어나고 있는 것은 플레어라고 하는데 플레어는 강한 에너지를 발생시켜 지구의 전파에 영향을 주기도 하며 남극이나 북극에서의 오로라 현상을 나타내기도 하지요. 플레어가 발생시킨 전파가 지구의 전리층에 들어와 지구의 대기 속에 있는 분자나 원자가 충돌하여 아름다운 빛을 내는 것을 '오로라 현상' 이라고 합니다.

지구가 궁금해?
25 폭포가 생기는 이유는?

　세계에서 가장 아름답고 유명한 폭포로는 캐나다와 미국의 국경 오대호에 있는 나이아가라 폭포로서 폭포는 2개로 나뉘어져 있는데 미국 쪽 폭포는 폭이 300m 이며 낙차가 51m 이고 캐나다 쪽의 폭포는 스케일이 더 커서 폭이 900m 이며 낙차는 48m 인데 그 어느 쪽도 좀처럼 볼 수 없는 장관들입니다.

　폭포는 이밖에도 남아메리카의 이구아수폭포와 아프리카의 빅토리아폭포 그리고 베네수엘라의 에인젤 폭포 등이 유명하며 우리나라에는 큰 폭포는 없으나 금강산의 구룡폭포와 제주도의 천지연 폭포 등이 유명합니다.

세계의 주요 폭포를 보면

폭포이름	있는 곳	높이(m)
에인젤 폭포	베네수엘라	979
투겔라 폭포	남아프리카공화국	850
쿠케남 폭포	베네수엘라	613
서덜란드 폭포	뉴질랜드	580
리보 폭포	미국	491
어퍼요세미트 폭포	미국	740
가르바니 폭포	프랑스	420
타카코 폭포	캐나다	380

폭포가 생기는 이유는 강이나 냇물이 흐르다가 낭떠러지를 만나 갑자기 거의 수직으로 떨어지면서 폭포가 되는 겁니다.

　폭포는 강이나 냇물이 흐르면서 밑바닥의 무른 바위는 깎이고 단단한 바위는 그대로 남아 생기기도 하며 단층운동으로 밑바닥이 어긋나서 생기기도 하고 또 화산이 많은 곳에서는 용암이 강물을 막아 생기는 수도 많습니다. 그런데 이 폭포가 생긴 것은 지금으로부터 1만년 전인 제4기 빙하기 시대 말기에 대빙하는 훨씬 북쪽까지 후퇴하면서 오대호의 수계를 바꾸어 놓았던 것인데 빙하의 격렬한 침식에 의해서 생긴 험준한 절벽위에 주로 폭포가 형성되어 있으며 어쨌든 폭포는 귀중한 수력발전의 근원지로서 잘 보존 되어야 할 것입니다.

과학상식 100가지 26

지구가 궁금해?
토성의 고리는 무엇으로 되었나?

토성은 태양계의 혹성의 하나로 태양에서 가까운 차례로 6번째의 별이며 적도면에 고리모양의 테를 둘렀고 목성 다음으로 크며 그리고 토성은 29년 반의 주기로 태양 주위를 돌고 있는데 지구에서 보면 가끔씩 고리가 토성 바로 옆에서 돌아가는 때가 있는데 이 고리는 과연 무엇으로 되어 있을까요?

토성의 고리의 정체는 우주의 먼지와 얼음, 돌 등이 미자립자가 모여서 생긴 것으로서 폭이 4만6천Km나 되는 광대한 것인데 고리의 두께는 겨우 150m 밖에 안 되며 제

옆에서 본 토성의 모습

위에서 본 토성의 모습

토성을 위에서 보면 고리는 3층으로 보입니다.

일 두꺼운 곳도 500m를 넘지 못하며 두께는 그 폭의 30만분의 1에 지나지 않고 얇은 까닭에 바로 옆에 왔을 때는 지구의 망원경 시계에서 모습을 감추고 말아서 마치 사라진 것과 같은 착각을 일으키는 것입니다. 그리고 토성의 지름은 약 12만Km(지구와 태양 사이의 거리 10배쯤)이며 표면은 수소와 메탄 그리고 암모니아로 덮여 있으며 토성의 부피는 지구의 760배이며 토성의 지름은 지구의 9.5배이고 토성의 무게는 지구의 95배나 됩니다.

토성표면의 온도는 영하 150℃ 정도이며 위성을 10개 가지고 있으나 이외에도 아주 작은 수많은 위성이 적도면에 원판모양으로 모여 있어 이것이 고리모양으로 보이는 것입니다.

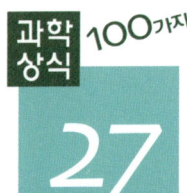

지구가 궁금해?
27 지구의 크기와 무게는?

인류가 살고 있는 지구는 공모양의 혹성으로 태양계 9개 혹성 중의 하나이며 지구의 표면은 8,000m가 넘는 산이 있고 10,000m 이상 깊은 바다가 있는데 전체의 10분의 7이 바다이며 10분의 3이 육지인데 이러한 지구는 과연 얼마나 크고 무거운 걸까요?

지구의 크기는 반지름이 약 6,380Km, 둘레는 약 4만Km, 겉넓이는 약 5억Km^{2}이며 부피는 약 1조Km^{2}이고 무게는 약 592조 톤의 1,000만 배나 됩니다.

지구의 내부는 보통 3부분으로 나뉘어 지는데 땅거죽에서 40Km 까지를 지각이라 하며 다시 2,900Km 까지를 중간층 또는 맨틀, 그보다 더 깊은 지구의 중심부를 핵이라고 하고 맨틀에는 철이나 마그네슘 등이 많이 포함되었다고 생각되면, 핵은 약 5,000-6,000°C로 철, 니켈 등이 녹아 있습니다.

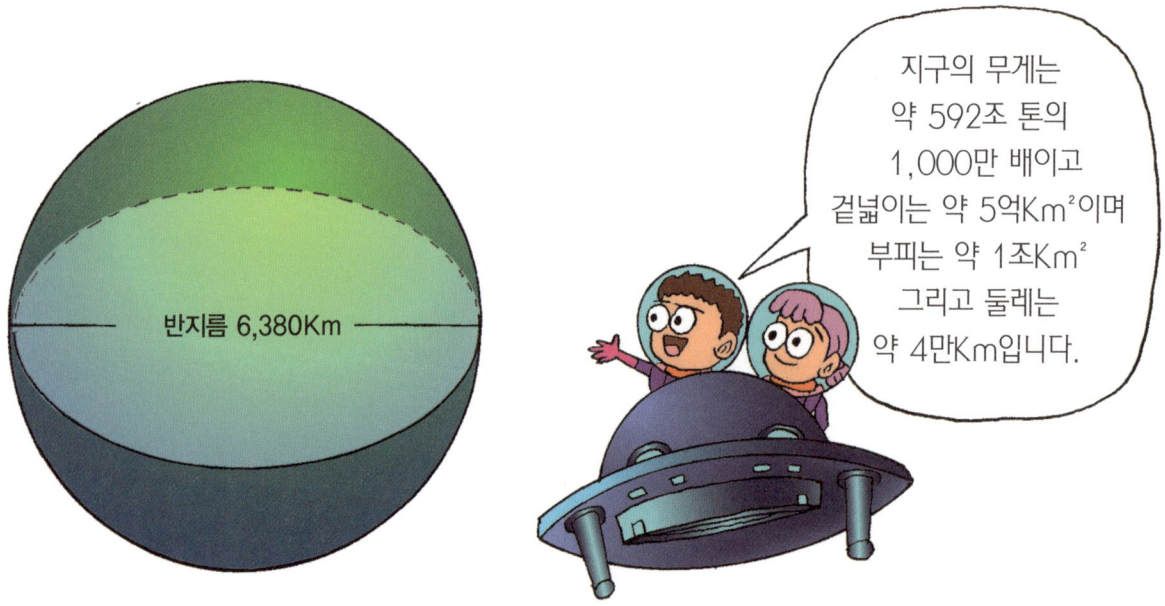

지금은 지구가 둥글다는 것을 의심하는 사람은 없지만 옛날에는 지구가 평평하다고 생각했으며 지구가 둥글다고 처음으로 주장한 사람은 약 2,400년 전 그리이스의 피타고라스라는 사람 이였습니다. 지구위의 위치는 위도와 경도라 하며 위도는 지구의 적도를 0도로 정하고 남북으로 각각 90등분한 선으로 나타내며 북쪽을 북위 남쪽을 남위라고 합니다. 런던의 그리니치 천문대를 0도로 하고 동쪽으로 180등분한 것을 동경, 서쪽으로 180등분한 것을 서경이라 하여 지구의 한 지점을 나타냅니다.

지구는 남극과 북극을 이은 지축을 회전축으로 하여 하루에 한번씩 도는데 이를 '자전' 이라 하며 밤과 낮은 지구가 자전하기 때문에 생기고 지구는 또 약 365일 만에 한 바퀴씩 태양의 둘레를 도는데 이를 '공전' 이라고 합니다.

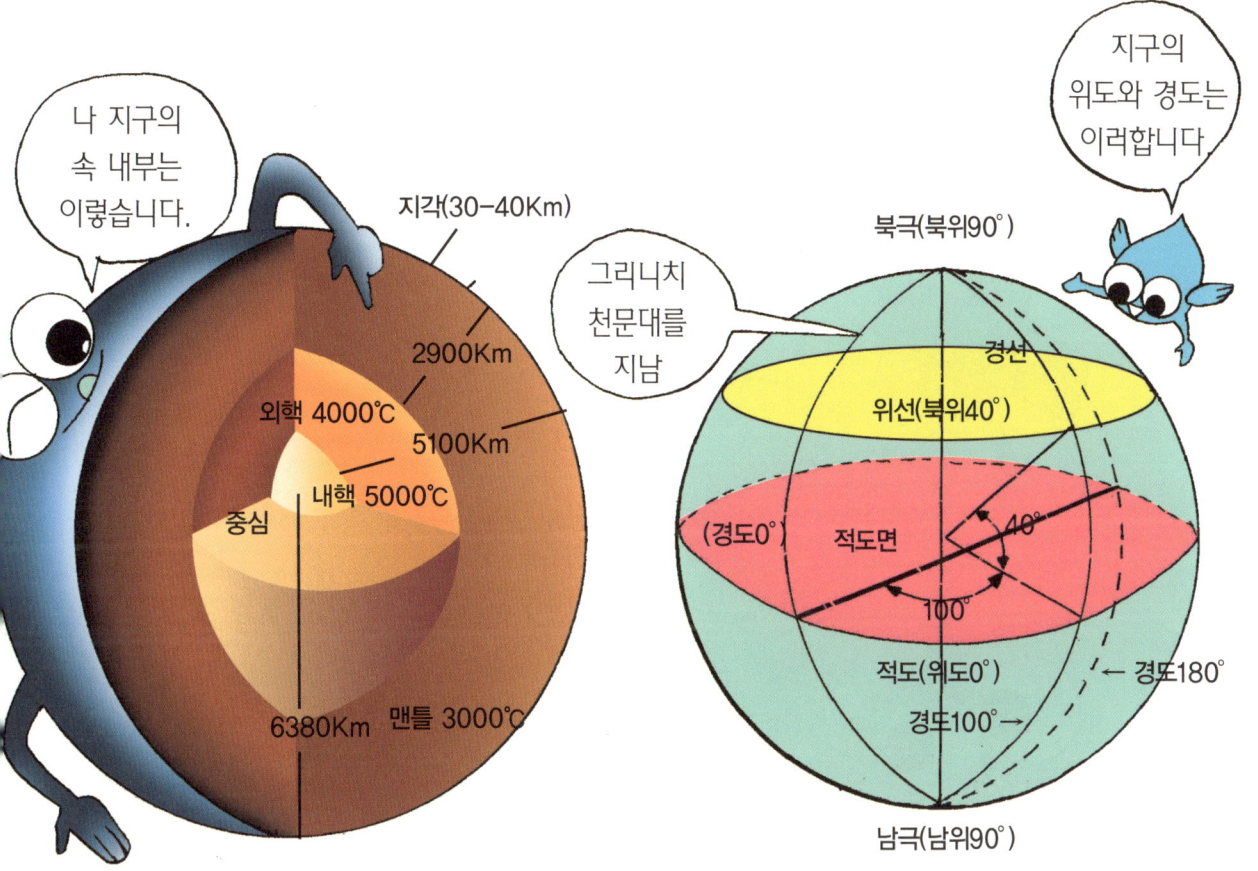

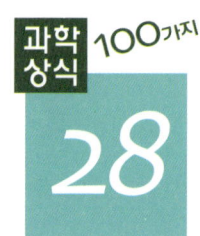

과학상식 100가지 28

지구가 궁금해?
인공위성을 쏘아 올리는 이유는?

1958년 1월31일 미국이 인공위성을 쏘아 올렸으며 그 후 프랑스와 영국 등 선진국에서 인공위성을 쏘아 올려 지구를 맴돌게 하며 달이나 목성, 화성, 금성 등을 맴돌게 하는데 이러한 인공위성은 왜 쏘아 올리는 걸까요?

인공위성을 쏘아 올리는 이유는 우주여행이나 또는 통신, 기상 및 관측용으로 이용하기 위해서이며 그리고 인공위성은 달처럼 지구의 주위를 돌도록 만든 물체로 특히 관측기계 등을 장치하여 과학연구용으로 이용하는 것입니다. 우주의 신비를 캐내려는 인류의 꿈은 1957년 10월4일 소련이 최초로 인공위성을 쏘아 올리므로써 실현되기 시작했습니다.

인공위성 노아는 기상을 조사합니다.

허리케인 북상 중 주의요망

허리케인

쳇 요즘은 조 얄미운 인공위성 때문에 우리태풍의 위력을 발휘를 못해 본다니깐

북유럽지역 주민은 대피바람

만약 공기가 전혀 없다면 일단 궤도에 들어간 인공위성은 영원히 돌게 되지만 실제는 공기의 저항이 있기 때문에 속도가 느려져 땅으로 떨어지면 도중에 타 버리게 됩니다.

지구의 표면에서 멀리 떨어져 수평으로 나는 물체는 어떤 속도를 내게 되면 지구의 인력과 물체가 지구로부터 벗어나려는 힘이 균형을 이루어 지구로 떨어지거나 또는 지구의 인력권 밖으로 벗어나지 않고 궤도를 따라 도는데 이를 '제1우주속도' 라 하며 약 100Km 상곡에서 초속 약 7.8Km 정도의 속도가 됩니다. 인공위성보다 더욱 빠른 속도를 내면 지구의 인력권을 벗어나 태양의 주위를 돌게 되는데 이를 '제2우주속도' 라 하며 초속 약 11.2Km 이며 그리고 초속 약 16.6Km 로 날게 되면 태양계를 벗어날 수 있는데 이를 '제3우주속도' 라고 하며 세계 최초의 인공위성은 소련의 스푸트니크입니다.

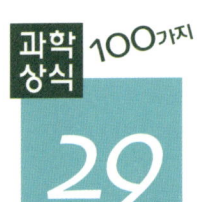

29 지구가 궁금해? 돌이 생기는 이유는?

강가나 바닷가에 가보면 크고 작은 돌, 그리고 여러 가지 모양의 다양한 돌들을 볼 수 있는데 검은 돌, 흰 돌, 빨간 돌, 파란 돌이며 큰 돌, 작은 돌, 그리고 둥근 돌, 세모난 돌, 네모난 돌, 길쭉한 돌 또는 부서지기 쉬운 돌이나 깨어지기 쉬운 돌, 단단한 돌 등 갖가지 형태의 돌들을 보는데 대체 이런 돌들이 생기는 이유는 무엇일까요?

돌은 보통 바위가 깨어진 것으로 모래보다 큰 것을 가리키는데 넓은 뜻으로는 암석이나 광석을 통틀어 돌이라고 하며 이 돌들을 잘 살펴보면 모양이나 크기가 다른 돌 빛깔이나 무늬가 비슷한 돌들도 많습니다.

강의 상류에 있는 큰 바위가 오랜 세월이 지나는 동안에 비바람이나 기온의 차이 같

◀빗물이 스며들거나 씻겨져 바위가 점점 부서지면서 돌이 되고

▶낮 동안에 태양의 뜨거운 열을 받아 뜨거워진 바위가 밤이 되면 갑자기 식어서 부서지면서 돌이 되며

◀지진이 일어날 때도 바위는 부서지며 돌이 됩니다.

▶화산에서 솟아 나온 용암이 식어서 바위가 되고 세월이 흐르면 역시 돌이 됩니다.

　은 풍화작용에 의해 부서져 계곡으로 밀려 내리며 상류의 돌들은 크고 울퉁불퉁하며 이런 돌들은 다시 중류로 밀려 내려오는 동안 부딪쳐 깨어지고 모서리가 닳아서 작은 돌이 됩니다.

　강 하류로 내려 갈수록 돌은 모서리가 없어지고 더욱 작아지며 하류에 이르러서는 모래와 동글동글한 잔돌이 많이 쌓이게 되고 또 이런 돌이나 모래는 강의 중류에 쌓여 모래톱을 만들거나 하류에서는 삼각주를 만들기도 하며 바다 밑에 오랫동안 쌓이고 쌓여서 큰 압력을 받아 사암이나 역암 같은 큰 바위를 이루게 됩니다.

과학상식 100가지

30 지구가 궁금해?
달의 모양이 달라지는 이유는?

달 달 무슨 달 쟁반 같이 둥근 달 어디어디 떴나 남산위에 떴지 밤에 둥근 달을 보면서 이러한 동요를 부르고 며칠 뒤에 달을 보면 달의 모양이 바꾸어 있는 모습을 볼 수 있습니다. 달의 모양은 왜 자꾸만 달라지는 걸까요?

달에는 기온의 차가 커서 밤에는 몹시 추워 영하 100℃ 이며 낮에는 몹시 더워 200℃이기 때문에 생물은 말할 것도 없고 세균도 살 수가 없습니다. 달 위에서는 인력이 약하므로 지구에서 보다 약 6배나 더 힘이 세며 달 표면은 재와 같은 먼지 속에서 예쁜 구슬과 같은 것들이 있는데 운석이 떨어졌을 때 생긴 것이라고 생각하고 있답니다.

달은 지구의 주위를 약 27, 32일에 한 바퀴씩 공전하고 있는데 한 바퀴 공전 하는 동안 꼭 한 바퀴씩 자전합니다. 그러므로 지구에서는 달의 한쪽만 보여 전체 59% 밖에 볼 수 없습니다.

태양과 정반대 쪽에 있는 보름달은 하지 무렵은 남중고도가 낮고 동지 무렵은 남중고도가 높습니다. 남중에서 다음 남중까지는 약 24시간 50,47분 걸려 달이 뜨고 지는 시각이 하루 평균 약 51분씩 늦어지는데 이것은 달이 백도(천구위의 달의 궤도)를 하루에 13.2도 가량 동쪽으로 이동하기 때문입니다. 달은 이 밖에도 지구나 태양의 인력의 영향을 받아 복잡하게 운동하며 지구의 인력을 작용해서 바다의 밀물과 썰물을 일으키기도 한답니다. 달에는 공기가 없으므로 소리가 전달되지 않으며 물이 없으므로 구름도 생기지 않으며 비도 오지 않고 별도 보이지 않지요. 달의 하늘이 늘 어두운 것은 공기가 없기 때문입니다.

매일 같은 시간에 달을 관찰해 보면

초승달
9월15일
초승달은 서쪽하늘에서 보이고

반달
9월19일
반달은 남쪽하늘에서 보이며

보름달
9월27일
보름달은 동쪽하늘에서 보입니다.

지구가 궁금해?
31 태양의 수명은 얼마나 되나?

　옛날에는 태양이 점점 식어 간다고 생각하고 있었으며 즉 태양 속에서 무엇인가가 타면서 빛과 열을 내고 있습니다. 그러므로 차차 태양 속의 연료가 줄어 들어가서 차츰 열이나 빛도 약해져 마침내는 다 타 버릴 것이라고 생각했습니다.

　만약 그렇다면 태양은 빛나기 시작해서 기껏 몇 천 년 동안이면 벌써 다 타 버렸어야 하는 것이지요.

　인간이 생겨나기 훨씬 이전에 태양계는 암흑과 죽음의 세계로 변해 버렸을 것입니다. 태양의 빛과 열을 낳고 있는 근원은 원자의 변환이라는 것이 밝혀졌는데 아주 뜨거운 내부에서 수소원자가 결합하여 헬륨원자로 변합니다. 이때에 대량의 에너지가 방출되며 태양의 안쪽 깊은 곳에서 표면에서 끊임없이 흘러나옵니다.

100억년에 태양의 질량이 1% 이하밖에 줄지 않는데

태양은 영원 하구나

다시 말해서 태양은 수소폭탄과 비슷한 원리에 의하여 빛과 열을 만들어 내고 있는데 아마도 태양 속에 있는 수소가 모두 헬륨으로 바뀔 때 까지는 계속될 것이며 그래서 지구의 수명은 100억년 정도는 지속되리라 봅니다.

더구나 100억년 동안에 태양의 질량의 1% 이하밖에 줄지 않는 것이지요. 그러므로 우리들 인간으로 볼 때에는 태양은 영구히 계속해서 빛나고 있다고 봐도 됩니다. 그래서 언젠가는 태양의 수명이 다 되면 어쩌나 하는 생각 따위는 안 하는 게 좋습니다.

지구가 궁금해?

32 지구의 물은 왜 줄어들지 않을까?

지구는 바다나 호수 그리고 강이나 냇물 등에 의하여 표면적의 약 4분의 3이 물로 덮여 있는데 지하수나 땅에 스며드는 것 까지 합하면 지구의 물의 양은 약 13억 3,600만Km 나 됩니다. 사람들이 매일 사용하고 수증기로 증발해 버리는 물은 왜 줄어들지 않는 걸까요?

만약 지구의 물이 겉면을 둘러쌀 경우 지구에 있는 육지는 모두 물속에 잠기게 되며 그 깊이가 무려 2.6Km 나 된다고 합니다. 그리고 그 물의 양은 언제까지나 변하지 않고 있다고 합니다. 바닷물이나 호수 그리고 강물 등은 태양열에 의하여 수증기로 변하고 이것이 상승기류를 타고 하늘 높이 올라가게 되는데 대기 중에서 수증기가 식으면

다시 구름으로 변하고 또 구름이 찬 공기에 닿으면 작은 물방울이 되어 땅 위에나 바다에 떨어지며 비나 눈이 되어 땅에 떨어진 물의 일부는 바다로 흘러 들어가고 또 일부는 다시 수증기가 되어 공기 속에 섞이게 되지요.

지하수는 저절로 솟아 나오기도 하고 또 사람들에 의하여 우물로부터 퍼내어져 여러 과정을 거쳐서 결국 다시 바다로 흘러들어 갑니다.
거기에서 또다시 태양열의 작용으로 바다에서 하늘로 하늘에서 땅으로 그리고 또 다시 바다로 되돌아오는 순환을 되풀이 하고 있습니다. 그래서 자연계 전체를 보면 물의 분량은 조금도 변하지 않게 되는 거랍니다.

지구가 궁금해?
33 산은 어떻게 만들어졌나?

산에 산에 산에다 나무를 심자 산에 산에 산에다 옷을 입히자 메아리가 살게시리 나무를 심자 라는 경쾌한 산 노래가 생각이 납니다. 이렇게 우리를 즐겁게 해 주는 산은 과연 어떻게 만들어 졌을까요?

산꼭대기에 올라가서 야~호 하고 외치면 그렇게 상쾌할 수가 없습니다.

우리나라 산들은 노년기에 접어들어 침식작용으로 봉우리의 등성이가 둥그스럼 해졌고 강 하류에는 모래나 흙이 운반되어 평야를 이루고 있으며 우리나라는 3분의 2가 산이고 대게 몇 개의 산이 길게 이어져서 산맥을 이루고 있습니다.

산은 지면이 늘어나거나 오므라들거나 하여 그곳이 부풀어 올라 생기며 땅바닥이 움푹 꺼지거나 밀어 올려져 지면이 어긋남으로 생긴 산도 있으며 땅이 오랫동안 비나 바람 또는 강물이나 빙하 등으로 깎여 움푹 패어서 산이 만들어 지는 경우도 있습니다.

저 아름다운 산들이 그래서 생겼구나

화산은 땅속 깊은 곳에서 뜨거운 열로 죽처럼 녹아 있는 바위가 뿜어 나와서 만들어지기도 한답니다. 일본의 후지산이나 우리나라의 한라산이 그런 경우랍니다.

세계에서도 높은 산이 많은 히말라야나 알프스산맥은 바다 밑바닥에서 부풀어 오른 것이지요. 그리고 지구의 겉면은 끊임없이 변화하며 산도 이에 따라 수없이 변화가 생깁니다. 처음엔 유년기의 산이 장년기로해서 노년기와 평야로 바뀌어 가고 있답니다. 세계에서 제일 높은 산은 히말라야 산인데 높이가 무려 8,848m 이며 그 다음이 캐라코람 산맥에 있는 고드윈오스틴 산인데 8,611m 나 됩니다.

산이 생기는 원인은?

지면의 양옆이 강한 힘에 눌려서 주름이 잡히듯 부풀어 올라 생기는 경우도 있고

지면이 푹 꺼지거나 솟아올라서 서로 어긋나서 생기는 경우도 있으며

평평했던 곳이 비, 바람, 빙하의 작용으로도 생기고

화산이 터져서 용암이 뿜어 나와 생기기도 합니다.

과학상식 100가지 34
지구가 궁금해?
빛도 색깔이 있을까?

물론 물건이 보이는 것은 빛이 있기 때문인데 태양광선은 프리즘을 통해서 보면 7가지 색깔로 나뉘어져 나타납니다. 이처럼 1가지 빛이 여러 가지 색깔로 나누어지는 현상을 빛의 분산이라고도 하지요.

빛이 없으면 모든 생물이 살 수가 없을 거예요. 빛을 내는 것에는 태양이나, 전등, 촛불 등이 있는데 동물들 중에도 개똥벌레처럼 빛을 내는 게 있답니다.

태양이나 전등불 따위가 보이는 것은 그 빛이 우리의 눈에 들어오기 때문이며 또 빛은 빨강, 초록, 남색을 '빛의 3원색' 이라 부르고 이를 적당히 혼합하면 모든 색깔의 빛을 얻을 수가 있으나 3원색의 빛을 한꺼번에 섞으면 하얗게 됩니다.

하늘이 파랗게 보이는 이유는 대기 속의 작은 먼지나 수증기에 의해 태양광선중 파랑, 보라의 짧은 파장이 산란되기 때문이랍니다.

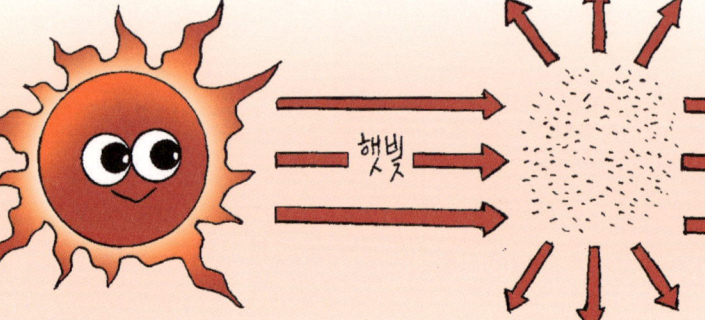

빛은 공기나 물속에서 곧게 나아가는데 좁은 틈으로 햇빛이나 전등 불빛이 스며드는 것을 보면 곧게 나아가는 것을 알 수 있습니다.

빛은 부딪치면 반사가 되는데 빛을 내지 않는 물건이 보이거나 거울에 물건이 비치는 것은 이 때문입니다. 빛은 라디오나 텔레비전 방송에 쓰이는 전파와 같이 매우 짧은 전파로 스펙트럼 가운데 빨강에서 보라까지 우리 눈으로 볼 수 있는 빛을 '가시광선'이라 하고 적외선처럼 눈으로 볼 수 없는 것을 '불가시광선'이라고 하지요. 빛이 물이나 유리 속으로 들어갈 때나 유리나 물에서 공기 속으로 나아갈 때는 경계면에서 꺾이는데 렌즈에 초점에 빛이 모이는 것은 이러한 성질 때문이랍니다.

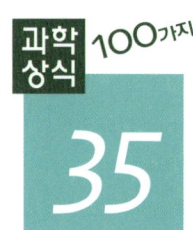

과학상식 100가지 35
지구가 궁금해?
별의 수는 얼마나 될까?

반짝반짝 빛나는 밤하늘의 별들은 수없이 빛나고 있습니다. 우리 눈으로 볼 수 있는 별의 수는 6,000개 정도이고 실제 은하계의 별만도 무려 2,000억 개 정도 됩니다.

별의 크기는 별 빛깔로 알 수 있는데 별에는 태양만한 크기의 것이 많은데 큰 것의 지름은 빛이 지나는데 몇 십분 이나 걸리는 것도 있습니다. 제일 큰 에프실론별은 지름이 태양의 2,600배나 된다고 합니다.

우리 눈으로 볼 때 가장 밝아 보이는 별은 1등성으로 삼고 겨우 보이는 별은 6등성으로 삼아 등급을 매겼으며 1등성은 6등성보다 무려 100배나 더 밝습니다. 별들 가운데에는 지름이 태양의 500배나 되는 것도 있는데 이런 별들은 너무나 먼 거리에 있기에 작은 점처럼 보입니다. 이처럼 먼 곳까지의 거리를 나타낼 때는 광년이라는 단어를 사용하며 '1광년'이란 빛이 쉬지 않고 1년 동안 가는 거리를 말합니다.

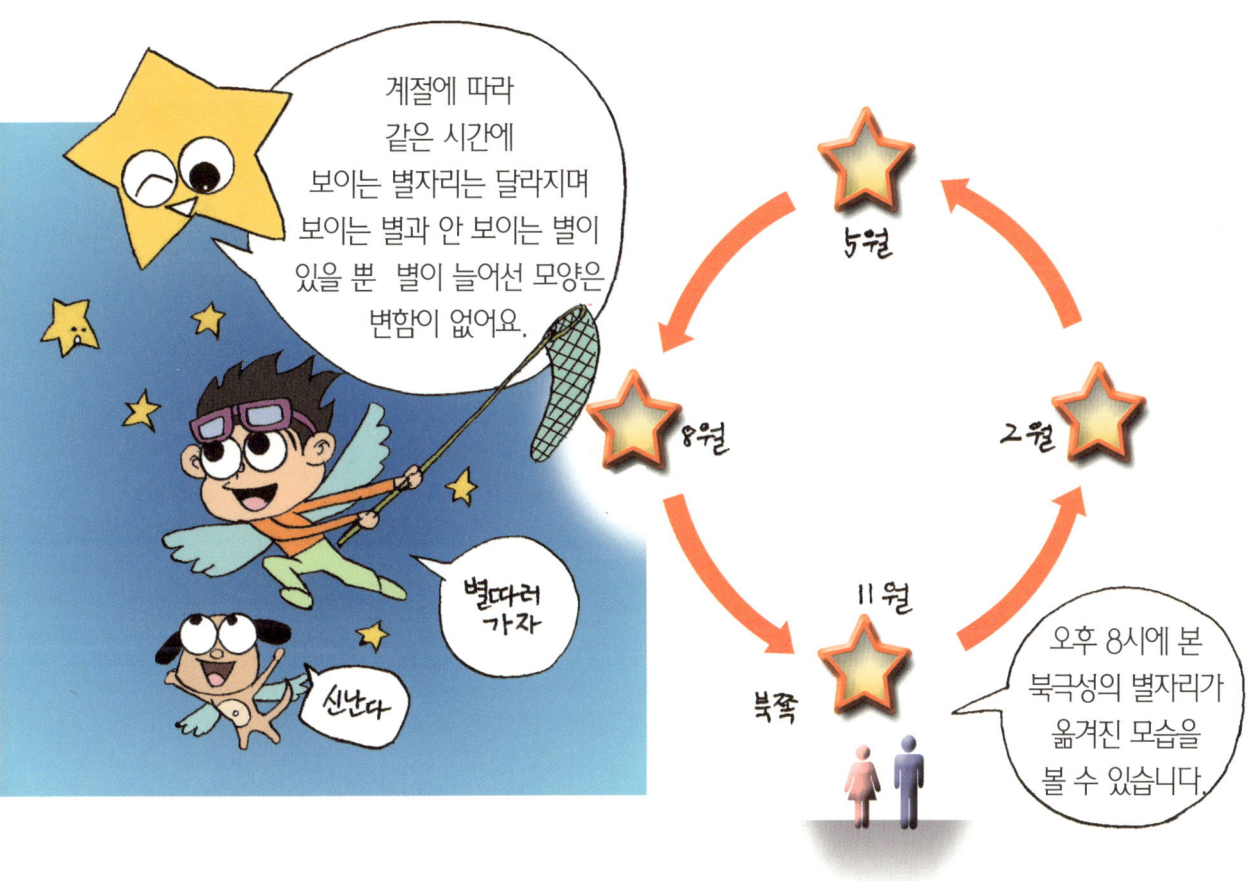

　별을 자세히 관찰해 보면 동쪽에서 서쪽으로 움직이는 것처럼 보이는데 이것을 별의 일주 운동이라 합니다. 그러나 실제는 별이 움직이는 것이 아니라 지구가 움직이기 때문에 그렇게 보이는 것뿐이랍니다.

　별이 밤에는 뚜렷하게 보이나 낮에는 태양의 빛 때문에 보이지 않습니다. 그리고 별이 가만히 있는 것처럼 보이는 이유는 별이 지구와 아주 멀리 떨어져 있기 때문이지요. 우리가 살고 있는 지구도 은하계라는 우주 가운데 있는 작은 점에 불과한데 이런 우주계는 전체 우주 속에 수없이 많답니다.

36 지구가 궁금해? 공기도 무게가 있을까?

공기가 없으면 우리는 숨을 쉴 수가 없어서 살 수가 없지요. 이러한 소중한 공기를 우리는 마시고 살면서 공기에 대한 고마움을 잊어버릴 때가 있습니다. 그리고 공기에도 무게가 있답니다. 우리는 습관이 되어 느끼지 못하고 있을 뿐이랍니다.

공기는 맛, 냄새, 또는 색이 없고 땅위에서 70Km 까지는 구성 성분의 비율이 대략 같아서 공기는 지구에서 멀어질수록 희박해 집니다. 공기의 무게는 1.29g 이고 물에는 다소 녹으며 영하 141℃ 이하로 내려 압축시키면 액체가 되지요.

지구를 둘러싸고 있는 기체가 공기인데 질소 4 : 산소 1의 비율로 구성되어 있습니다.

공기는 이 지구상의 모든 생물에 없어서는 안 되는 것입니다. 공기와 물을 비교해 보면 공기총은 살짝 밀기만 해도 튕겨 나가는데 물총은 힘껏 눌러야만 물이 나갑니다.

이것은 공기는 줄어들어도 물은 줄어들지 않기 때문이지요. 컵에 종이를 넣어 엎어서 물에 넣어도 종이는 젖지 않는데 이것은 컵 안에 공기가 있기 때문이랍니다.

지구가 궁금해?
37 온천이 생기는 까닭은?

온천에서 나오는 물을 이용하여 온천 탕이 있고 그리고 온천의 열을 이용한 온실이 있으며 온천의 열을 이용한 발전소도 있습니다. 온천은 땅속 깊은 곳의 지하수가 데워져서 솟아나는 거랍니다.

온천의 온도는 보통 25℃ 기준으로 하여 25℃ 이하를 냉천이라고 하며 25~34℃를 미온천이고 42℃ 이상을 고온천이라고 하지요. 땅속 깊은 곳은 온도가 매우 높아 바위가 죽같이 녹아 있습니다. 그러므로 이 근처의 지하수는 뜨거워져서 땅 위로 솟아나는데 대체적으로 화산이 많은 곳에 온천이 있지요. 온천물은 여러 가지 광물질이 포함되어 있기에 피부병이나 소화불량 등에 좋답니다. 그리고 온천을 이용해 발전도 일으키고요.

또 지하수가 더워지면서 생기는 수증기의 압력으로 수증기와 물이 땅 위로 솟는 간헐천도 있습니다.

온천은 이렇게 해서 생기는 거랍니다.

▲온천이 나오는 모습

▼온천의 열을 이용한 발전소

여기가 온천이구나

우리도 구경가자

지구가 궁금해?
38 흙은 어떻게 생기는가?

농부는 흙을 통해서 곡식과 열매를 거두게 되고 흙이 있어야 인간이나 동물들이 살아갈 수 있는데 이러한 소중한 흙은 암석이 풍화작용과 열이나 공기 그리고 수분 또는 생물 등의 작용에 의하여 부서지거나 분해 되어 생긴 것입니다.

지구의 표면에서 흙이 없어진다면 인간이나 동물은 먹을 것을 얻지 못하므로 당장 살아가지 못할 거예요. 흙은 꺼실꺼실하고 가루모양으로 된 물질인데 그것은 극히 작은 암석 조각 즉 모래와 찰흙과 썩은 동식물의 물질로 이루어져 있으며 작은 암석의 파편은 옛날에는 커다란 암석을 이루고 있었던 것입니다. 동식물의 물질은 이전에 살아 있던 동식물에서 온 것이지요.

아무리 단단한 바위라도 오랜 세월이 지나는 동안에 조금씩 부수어져서 작은 조각이 되며 흙은 자갈이나 모래, 점토 그리고 생물의 시체와 그 분해된 것 따위가 섞여 있는데 흙 사이에는 수분이나 공기 그리고 미생물 등이 있고 식물이 자라기에 알맞습니다.

흙의 종류로는 점토가 들어 있는 양에 따라 질흙(식토) 질찰흙(식양토) 모래흙(사토)으로 나뉘며 화학성분에 따라 알칼리(염기)성 흙, 중성 흙, 산성흙으로 나뉘기도 합니다.

가장 기름진 흙은 땅의 제일 위에 있는데 표토하고 부르고 부식은 여기에서 많이 일어나며 땅의 표면에서 밑으로 내려 갈수록 부식은 줄어들고 모래나 찰흙만이 있게 되고 더 밑으로 내려가면 모래나 자갈이 많아지고 마침내는 암석의 층에 이르게 됩니다.

▶암석에서부터 흙이 이루어지는 모양

과학상식 100가지

39 인체가 궁금해?
웃음이 건강에 좋다는데 그 이유는?

전해 내려오는 말에 보면 웃으면 복이 온다는 말이 있고 또 웃는 얼굴에 침 못 뱉으며 그리고 사진을 찍는 사진사는 "자아 웃으세요."하고 사진을 찍습니다. 학교에서 웃는 친구를 만나면 하루 종일 왠지 기분이 좋지요. 그런데 웃음이 건강에 좋은 이유는 뭘까요?

사람들의 얼굴에 나타나는 표정을 보면 그 사람의 마음과 기분을 알 수 있는데 자주 찡그리거나 화를 내는 사람은 얼굴에 있는 근육이 굳어서 인상이 아주 나빠진답니다.

와아~ 저 시원한 웃음소리를 들으니까 쌓였던 스트레스가 확 사라진다.

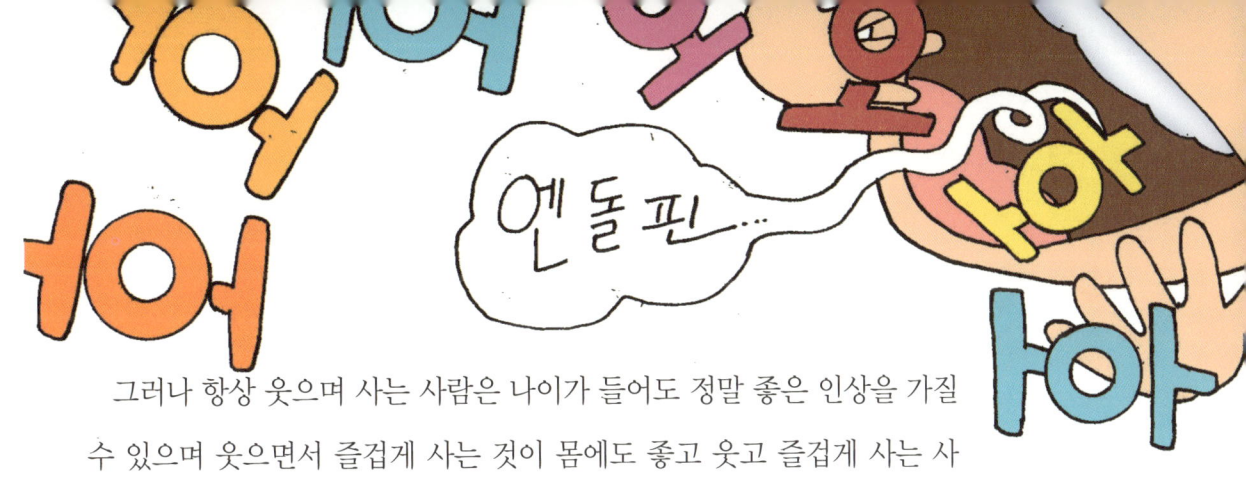

그러나 항상 웃으며 사는 사람은 나이가 들어도 정말 좋은 인상을 가질 수 있으며 웃으면서 즐겁게 사는 것이 몸에도 좋고 웃고 즐겁게 사는 사람은 병도 잘 걸리지 않으며 병에 걸렸다 해도 금방 나을 수 있답니다.

사람이 웃게 되면 몸속에서 엔돌핀과 엔케팔린 이라는 물질이 나오는데 이것은 통증을 없애 주는 물질이랍니다.

유산소 운동은 꼭 몸을 움직여서 하는 것만은 아니며 소리를 내어 크게 웃어도 유산소 운동이 되며 크게 웃으면 심장, 배, 폐, 팔, 다리 등 모든 근육이 움직입니다. 불안하면 심장의 고동이 빨라지는데 이때 웃으면 심장의 고동이 안정되고 소화액도 잘 나와 소화도 잘 되며 면역력이 생겨 병에도 강한 몸이 된답니다. 그리고 15초 웃으면 이틀을 더 살고 10초 동안 웃으면 3분 동안 배의 노를 젓는 것과 같으며 웃음은 다이어트를 도와주고, 웃음은 통증을 잊게 해주며 웃음은 스트레스 및 긴장감이나 걱정을 없애 주고 웃음은 소화를 잘 되게 하며 혈액에 더 많은 산소를 공급해 주며 그리고 웃음은 학습이해와 기억을 도와주게 된답니다.

인체가 궁금해?
40 잠은 왜 자야 하는 걸까?

　사람은 누구나 졸리면 하품을 하다가 자꾸만 눈을 깜빡이며 눈을 비비게 됩니다. 그리고 정말 참지 못할 때는 다른 사람이 업어 가도 모를 정도로 깊은 잠에 빠질 때가 있습니다. 사람은 왜 잠을 자지 않으면 안 될까요?

　사람이 잠을 자야 하는 이유는 잠을 자야 몸의 피로를 풀어 내일의 원기를 북돋아 주기 위해서랍니다. 우리의 몸은 누워 있기만 해도 피로가 어느 정도 풀릴 수 있지만 뇌는 잠을 자지 않으면 피로가 풀어지지 않는답니다. 즉 깨어 있는 동안에 소모했던 뇌 내 물질의 보급이나 피로 물질을 제거하기 위한 대사를 하는 것이 수면의 주된 목적이라고 할 수 있지요.

> 아니 쟤 아직도 자는 거야?

> 사람은 하루에 8시간을 자야 한다면서 3일잠인 24시간을 미리 자둔답니다.

> 게으른 자는 먹지도 말라 했거늘

　사람은 하루 24시간 중에서 적어도 8시간은 잠을 자는데 하루의 3분의 1을 자면서 보내는 셈이랍니다.

　잠을 자서 뇌를 쉬게 해주지 않는다면 뇌는 폭발해 버리거나 화가 나서 일을 안 할지도 모르죠. 그래서 뇌가 일을 안 한다거나 이상이 생긴다면 어떻게 되겠어요. 뇌에 조금만 이상이 생겨도 사람은 제대로 살아갈 수 없답니다.

　사람의 모든 몸의 기관은 잠을 통해 쉬어야 다시 일어났을 때 활기차게 일할 수 있으나 만약 잠자는 시간이 아깝다고 잠을 자지 않고 공부를 한다면 다음날 머리는 멍하고 밥맛도 없고 소화도 안 되며 걸을 힘도 없고 책을 봐도 무슨 말인지 잘 모를 거예요.

　그래서 잠자는 시간에 꼭 잠을 자야 다음날 가벼운 마음으로 일할 수 있고 맑은 정신으로 공부도 할 수 있답니다.

인체가 궁금해?
41 충치는 왜 생기는 걸까?

사람의 치아는 약 2세가 되면 유치 20개가 났다가 12세 경까지 유치는 모두 빠지고 32개의 영구치가 나는데 이것으로 이갈기는 끝나고 두 번 다시 이가 나는 일은 없으므로 이를 건강하게 가지도록 노력해야 합니다. 그럼 충치는 왜 생기는 거죠?

우리의 입 속에는 많은 세균들이 살고 있는데 이 세균들은 우리가 먹은 음식물 찌꺼기를 가지고 충치를 만들어요. 충치는 우선 치아의 표면을 싸고 있는 법랑 질부터 시작되는데 법랑 질에 어떤 흠집이 생기면 그곳은 세균들이 득실거리게 되고 또 미세한 구멍이 생기면 그 속으로 세균들이 들어가 그 아래의 상아 질에 부착합니다.

세균은 차츰 상아 질을 갉아 먹음으로서 법랑 질 밑에 터널이 생기게 되어 구멍이 커지고 치수부분을 둘러싼 상아질의 벽이 얇아지면 차가운 것이나 뜨거운 것이 그곳에 닿게 될 때 통증을 느끼게 됩니다.

치수는 치아 한복판에 위치하고 있는데 신경이 이곳을 지나고 있기 때문에 뜨거운 것이나 찬 것이 자극을 주면 뇌에 신호를 보내는데 이럴 때는 충치가 생길 위험신호라

고 생각해야 합니다.

 세균이 직접 치아를 먹어 치우는 것은 아니지만 충치를 일으키는 벌레의 정체는 세균이며 이 세균이 이와 잇몸 사이에 들어가서 염증을 일으키면 치은염이라든가 치조농루가 될 가능성이 높습니다.

 세균이 상아 질에서 다시 진행하여 치수에 침입하면 동일한 먹이가 있으므로 더 빠르게 번식하게 되면 심한 통증을 느끼게 되는데 치아는 점점 썩어 들어가 마침내는 이에 영양분을 보내 주는 혈관이 쭈그러들고 이는 영양분을 공급받지 못해 치수는 죽고 결국 이는 빠지게 된답니다. 그래서 음식을 먹고 난 뒤에는 이를 닦아야 해요. 이를 닦아서 음식물 찌꺼기를 없애면 충치를 막을 수 있답니다.

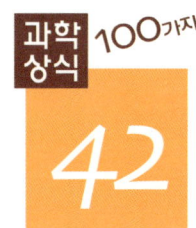

인체가 궁금해?
42 발 냄새는 왜 나는 걸까?

　사람은 평생 동안 1억 번 이나 땅을 내딛고 지구를 네 바퀴 반이나 돌 정도의 거리를 걷고 발가락은 우리가 땅을 딛고 나아가기 쉽도록 바닥을 움켜쥐어 주는데 이렇게 우리의 몸에서 중요한 역할을 해주는 발에서는 왜 냄새가 나는 걸까요?

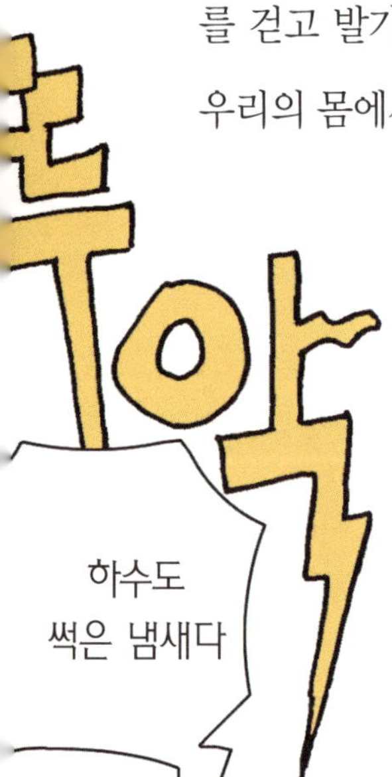

　특히 어른들의 발은 발 냄새가 더 나는데 무더운 여름철엔 발 냄새가 더 지독하답니다. 그리고 발에 있는 발가락은 우리가 걸음을 걸을 때 체중을 옮겨 주는 역학을 하며 또한 지면을 움켜쥐는 일을 해서 오래 걸을 수 있도록 도와주지요.

　그럼 사람들의 발에서는 왜 발 냄새가 나는 걸까요?

인체가 궁금해?
43 밥을 먹고 나면 왜 졸리는가?

학교에서 점심을 먹고 난 후 1시간쯤 지나면 뱃살이 당기고 눈꺼풀이 내려오며 머리가 멍해져서 졸음이 오면 입이 찢어지도록 하품을 하다가 자신의 볼을 꼬집으며 쏟아지는 잠을 참아 보려고 발버둥을 치는데 도대체 밥을 먹고 나면 왜 졸리는 걸까요?

우리가 먹은 음식이 위에 쌓여 보통 위에 3-4시간 정도 머무르는데 그 시간 동안에 위는 약 20초에 한번씩 꿈틀거리며 음식물과 위액을 섞어 소화시킵니다.
위액에는 여러 가지 물질이 들어 있는데 단백질을 소화시킬 수 있는 펩신이 있으며 그리고 염산이라는 물질도 있는데 염산은 아주 독한 물질인데 워낙 강해서 피부가 녹아 버릴 정도랍니다. 그러나 위에서는 염산과 단백질 분

해 효소인 펩신으로부터 위를 보호하는 물질이 나오는데 이것을 '뮤신'이라고 합니다. 뮤신은 위벽을 두텁게 덮고 있지요.

위액은 평소에는 거의 안 나오는데 음식물이 위로 들어오면 그때부터 나오기 시작합니다. 음식물이 위에 들어오면 염산과 펩신 그리고 뮤신이 섞인 위액을 만들어 내고 음식을 소화시키면 우리 몸으로 산소와 영양분을 공급하는 혈액이 위에 많이 모이게 돼 다른 곳에 있는 혈액이 그만큼 적게 갑니다.

밥을 먹고 나면 졸음이 오는 이유는 위가 음식을 소화시키기 위해서는 많은 피가 필요해 그래서 식사 후에는 위에 많은 피가 모이게 되며 그렇게 되면 뇌에 흐르던 피가 자연히 줄어들고 그로 인하여 뇌의 활동이 둔해져서 졸음이 오게 되는 거지요.

인체가 궁금해?
44 때는 왜 자꾸 생기는 거야?

　집안을 깨끗이 청소하고 아무리 몸을 깨끗이 한다고 해도 시간이 지나면 우리 몸엔 또 때가 끼어서 다시 목욕을 하곤 하지요. 여러분도 목욕하기 싫어하지요. 도대체 때는 왜 계속 생기는 걸까요?

　우리들의 몸의 피부세포는 계속 태어나고 죽는 것을 반복하는데 그 중 수명이 다한 세포를 각질 세포라고 하며 이 각질 세포가 땀, 먼지 등과 섞여 나오는 것이 때랍니다. 세포는 계속 생기고 죽는데 우리 몸의 때도 사람이 살아 있는 한 언제까지나 계속 생긴답니다. 우리집안에 햇빛을 통해 보이는 수많은 먼지들 중에는 우리 몸에서 떨어져 나간 각질 피부들인데 우리 몸에서는 매일 100억 개 이상의 피부조각이 떨어져 나간다고 합니다. 각질층은 죽은 세포로 만 이루어져 있으나 매우 중요한 역할을 맡고 있지요.

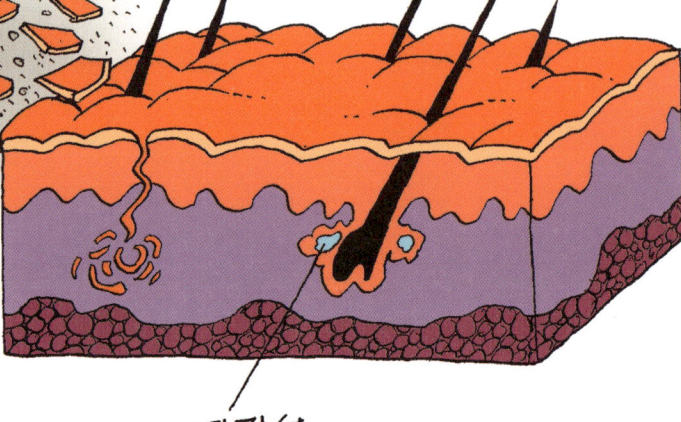

피지선

피부세포도 사람처럼 수명이 있는데 피부세포의 수명은 보통 55-75일인데

수명이 다한 세포가 떨어져 나와 때가 되는 겁니다.

그리고 수명이 다한 세포는 병균의 침입을 막아 주는 일도 합니다.

각질층은 병원균이 피부로 들어오는 것을 막아 주고 또 우리 몸에 있는 물기가 빠져 나가지 못하도록 도와주기도 하며 각질층이 20여개 층으로 되어 있는 이유도 그 때문입니다. 그리고 목욕을 너무 자주하면 피부에 부담을 주는데 그 이유는 우리피부에 살고 있는 좋은 세균들이 떨어져 나가 버리기 때문입니다.

우리 몸의 세균은 다른 나쁜 세균들을 지켜주는 좋은 세균이 있지요. 그러나 너무 오랫동안 목욕을 하지 않아 때가 많이 쌓일 경우 땀이나 피지분비를 나쁘게 하고 체온조절이나 신진대사 기능이 장애를 받아 오히려 더 해롭기 때문에 우리 몸은 적당히 씻어 주는 것이 좋습니다.

인체가 궁금해?
45 손톱과 발톱은 왜 자라는 걸까?

우리의 손톱과 발톱은 어렸을 때 보다 어른이 되면 더 빨리 자라며 늙어지면 다시 천천히 자라는데 몸이 건강해서 몸 안의 모든 기관이 활발하게 움직일 때 손톱과 발톱은 잘 자란답니다. 그런데 깎기 귀찮은 손톱과 발톱은 왜 자꾸 자라는 걸까요?

손톱은 하루에 0.13밀리미터씩 밖에 자라지 않으며 손톱과 발톱은 눈으로 보이지 않을 만큼 조금씩 자라나는데 그래서 손톱이 빠진 뒤 완전히 자라는 데는 자그마치 6개월이나 걸리고 발톱은 이것보다 더 느려 무려 1년이 걸립니다.

그리고 손톱과 발톱은 케라틴(각질이라고도 함)이라는 단백질로 이루어지는데 아주 강하기 때문에 쉽게 부러지거나 찢어지지 않아요. 그런데 이 케라틴이라는 것은 신기하게도 끊임없이 새로 만들어지기 때문에 손톱과 발톱은 평생 자랄 수 있습니다.

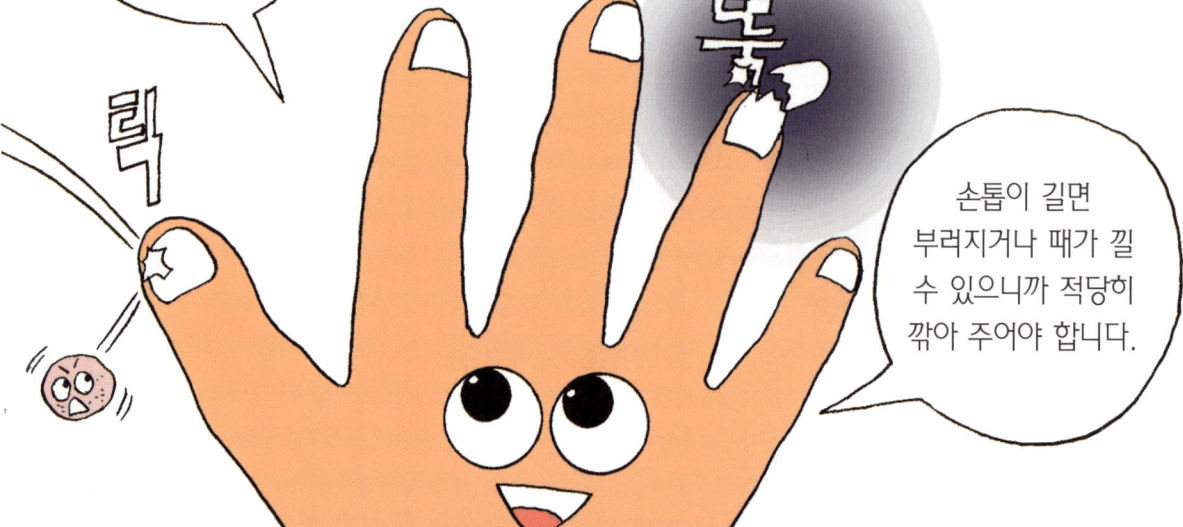

손톱과 발톱은 손가락과 발가락이 다치지 않게 보호해 주며

손톱이 길면 부러지거나 때가 낄 수 있으니까 적당히 깎아 주어야 합니다.

  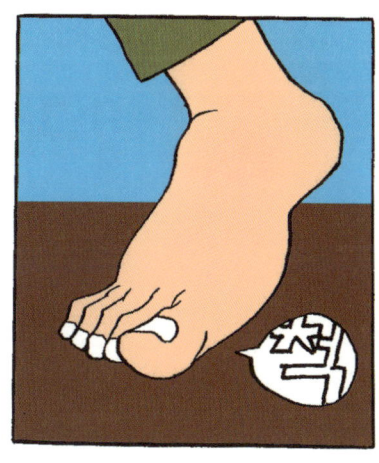

손톱은 누를 수 있게도 해주고 | 꽉 쥘 수도 있게도 해주지요 | 발톱은 걸을 때 발가락에 힘을 주게 됩니다.

손톱과 발톱은 뿌리부분만 살아 있고 우리가 눈으로 볼 수 있는 부분은 이미 죽은 것이랍니다. 그래서 손톱 깎기로 깎아도 아프지 않은 거예요. 손톱과 발톱은 손가락과 발가락이 다치지 않게 보호하는 역할을 하며 손톱이 너무 길면 부러지거나 지저분해질 수 있으니까 자주 깎아 주는 게 좋은데 그러나 너무 짧게 깎으면 손가락 끝이 아플 수가 있으니까 적당히 깎아 주어야 합니다.

과학상식 100가지 46

인체가 궁금해?
방귀는 왜 나오는 걸까?

사람은 누구나 방귀를 뀌는데 할아버지도 뀌고 아버지도 뀌고 나도 뀌지요. 아무리 새침한 여자라고 해도 방귀를 안 뀌는 것은 아니랍니다. 사람은 누구나 하루에 콜라병으로 두병 정도의 방귀를 뀐다고 하는데 왜 이런 방귀는 나오는 걸까요?

방귀가 나오는 이유는 음식물이 소화되는 과정에서 생긴 가스와 우리가 음식을 먹을 때 함께 삼킨 공기 때문이랍니다.

밥이나 음식을 먹을 때 음식물만 먹는 것이 아니라 우리도 모르는 사이에 공기도 같이 먹게 되는데 뱃속으로 들어온 공기는 몸 밖으로 나가

야만 하는데 뱃속의 공기가 항문으로 나가는 것을 방귀라고 합니다.

방귀는 대장에 모인 공기 때문인데 대장에 모인 공기는 똥 사이를 뚫고 나오기 때문에 냄새가 나는 거랍니다.

방귀에는 단백질이 분해 되면서 나오는 암모니아나 황하수소 그리고 인돌 등과 같은 이상한 이름의 기체도 같이 섞여 나오는데 냄새가 나는 것은 그러한 기체 때문이기도 합니다. 재미있게도 방귀는 소리나 냄새가 항상 틀려지는데 고기나 우유 그리고 생선 등을 많이 먹었을 때는 냄새가 많이 나는 방귀가 나오고 고구마나 밤 그리고 빵 등을 먹었을 때에는 소리가 크게 나는 방귀를 뀌게 되지요.

과학상식 100가지

47 인체가 궁금해?
키가 크는 이유는?

키가 크는 데는 유전적인 요인보다는 후천적인 요인이 더 중요한 것은 키가 크고 작은 건 어디까지나 자신의 탓이 더 많습니다. 보통 키가 크는 시기는 13-14세 까지가 많이 크기 때문에 음식을 골고루 먹는 것이 아주 중요합니다.

갓난아기는 태어났을 때에 앞으로 쓸 신경 세포를 전부 지니고 있으며 이 세포는 평생 바뀌지 않고 그것은 뇌나 중추를 만들며 몸의 모든 부분에 퍼져 있지요. 신경 세포의 연관은 점차로 발달하여 운동을 조절할 수 있게 되고 또는 공부를 한다든지 그리고 사회에서 다른 사람과 협조하여 살아 갈 수 있게 됩니다.

사람의 몸은 태어나서 처음 몇 주간이 가장 빨리 성장하다가 1년이 지나면 성장속도가 느려지다가 다시 성장이 빨라지기 시작합니다.

잘 먹고 운동도 열심히 하면 키가 쑥쑥 자라는 거야

그럼 나도 잘 먹고 운동해야지

갑자기 그런다고 키가 크나 뭐든 꾸준히 해야지

키가 크는 것이 빨라지는 것은 여자아이는 보통 11세에서 13까지의 사이이고 남자아이는 12세에서 14세까지의 사이에 시작 됩니다.

당분간 키 크는 속도가 빠르다가 점점 속도가 느려져서 마침내 키가 크는 것이 그치고 마는데 이것으로 완전한 크기에 달한 것입니다. 키가 크는데 중요한 것은 역시 영양섭취인데 하루세끼를 거르지 않고 고루고루 잘 먹어야 하며 적당한 운동도 해주어야 합니다. 키가 크는 것과 몸무게가 늘어나는 것은 번갈아 일어나는 수가 많은데 처음 한 동안은 키가 자라다가 다음엔 몸이 옆으로 퍼지며 대개의 경우 11세나 12세 무렵에는 몸이 옆으로 자라 통통해 지다가 그 후부터는 키가 눈에 띄게 자라서 몸은 반대로 홀쭉해 집니다. 사람의 키는 20세 전후가 가장 크며 60세 전후가 되면 오히려 점점 작아지지요.

사람의 몸이 성장하는 모습

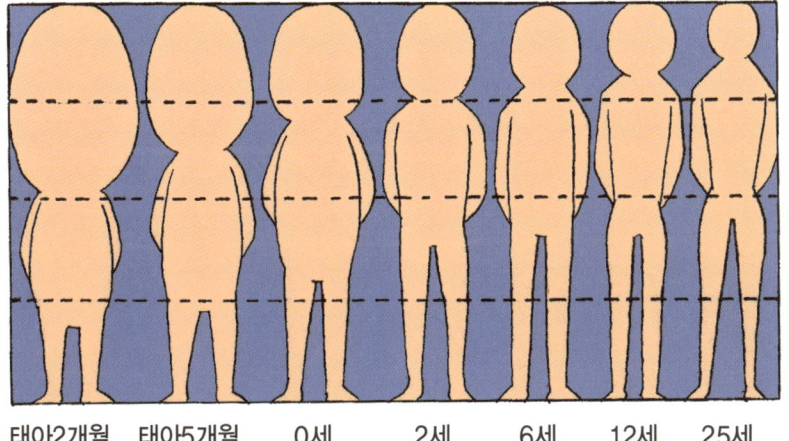

태아2개월 태아5개월 0세 2세 6세 12세 25세

48 인체가 궁금해? 대머리가 되는 까닭은?

머리를 감을 때 보면 유난히 머리카락이 많이 빠지는 사람이 있습니다. 나는 이렇게 머리카락이 너무 많이 빠지니까 나중에 대머리가 되는 게 아닌가 하고 걱정하는 사람도 있는데 그러면 대머리가 되는 이유는 왜일까요?

대머리의 유전자를 갖고 있다고 해서 모두 대머리가 되는 것은 아니지만 대머리는 거의 유전일 확률이 높습니다. 할아버지가 대머리이면 아버지가 대머리이고 아버지가 대머리이면 아들이 대머리인 경우가 많은데 그래서 대머리는 유전이랍니다.

사람의 머리카락 수는 보통 10만 정도 되는데 하루에 80개 정도가 빠지고 다시 80개 정도가 새로 나는데 하루에 80개가 자라지 않거나 가느다란 털만 나고 마는 사람은 역시 대머리가 될 가능성이 있습니다.

　그리고 대머리는 안드로겐이라고 하는 남성 호르몬과 깊은 관계가 있는데 이 안드로겐은 새로운 세포를 만드는 털구멍의 중심을 막아 털주머니에서 털을 못 만들게 하고 머리털이 자라지 못하는 머리에서는 가느다란 털만 자라게 하기 때문입니다.

　여자들도 아주 적은 양의 여성호르몬을 가지고 있는데 이 때문에 대머리 유전자를 가지고 있으면 대머리가 될 수 있으나 그러나 남자들처럼 완전히 벗겨지지는 않고 정수리 부분에만 머리숱이 적어 질 뿐이기 때문에 안심하셔도 됩니다. 그리고 지방이 많이 들어 있는 음식을 먹으면 대머리가 될 가능성이 있기 때문에 대머리가 안 되려면 편식을 해서는 안 되겠지요.

인체가 궁금해?
왼손잡이가 생기는 까닭은?

우리들은 가끔 밥을 먹을 때나 글을 쓸 때 또는 운동을 할 때 보면 왼손을 쓰는 사람들을 볼 수 있으며 그리고 전인구중 왼손잡이는 약 4% 밖에 안 된다는데 왜 이렇게 왼손잡이가 생기는 걸까요?

사람들은 누구나 좌우 양쪽이 똑같지는 않습니다. 두 다리의 길이가 조금 다르고 발의 크기도 좌우가 약간 다른데 이 비대칭성은 우리몸 전체에 걸쳐서 볼 수 있는데 보통 사람들은 뇌의 왼쪽 반은 오른쪽 반 보다 기능이 더 우세하다고 믿어 오고 있지요. 뇌의 왼쪽 반이 우세하기에 몸의 오른쪽 반이 더 잘 움직이고 여러 가지 동작을 잘할 수 있기에 뇌의 왼쪽 반을 써서 읽고 쓰고 말을 하는데 그래서 일반적으로 대개 사람들은 오른손잡이인 것입니다. 그러나 왼손잡이인 경우에는 그 우열이 반대가 되는데 뇌의

오른쪽 반이 우위에 있기 때문에 몸의 왼쪽 반이 더 잘 움직이고 더 잘할 수 있는 것입니다.

   어린이가 왼손잡이 일 때 그 부모는 걱정을 하는데 그러나 전문가들은 왼손을 쓰는 걸 일부러 고칠 필요는 없다고 합니다. 왼손잡이 중에는 아인슈타인, 뉴턴, 베토벤, 레오나르도 다빈치, 빌게이츠 등 천재가 많기 때문입니다. 그리고 부모가 모두 오른손잡이면 자식들이 왼손잡이일 가능성은 2%에 불과하며 그런데 부모 중에 어느 한 사람이 왼손잡이 일 때는 그 가능성이 17% 모두 왼손잡이일 때는 50%나 된다고 합니다.

과학상식 100가지

50 인체가 궁금해?
꿈은 왜 꾸는가?

　사람은 약 10%를 제외하고는 보통 하루에 8시간 정도 잠을 자는데 잠을 자는 동안에도 계속 정신 활동을 하며 꿈을 꿀 때는 꿈 상황에 맞게 눈을 상, 하 좌우로 움직이는 안구운동을 하는데 이러한 꿈은 왜 꾸게 되는 걸까요?

　사람은 잠을 자기 시작해서 약 20분 정도가 지나면 꿈을 꾸게 되는데 90분을 주기로 4,5회 반복하며 점점 꿈꾸는 시간을 늘려 가게 되며 이때를 렘수면 이라고 하지요.
　한번 렘수면 상태에 들어가면 30분정도 이어지고 이때 깨우면 90% 정도는 꿈을 꾸었다고 합니다. 잠자는 동안 빠른 눈 운동을 하는 렘수면을 오랫동안 방해하면 잠을 깨고 나서 공격적인 행동이 증가하고 신경이 과민해 지며 기억력이 떨어지게 되고 주의력도 떨어지게 되는데 심하면 환각망상을 일으키기도 합니다. 그리고 잠을 자지 않을 때조차도 무의식적으로 렘수면 상태로 들어가려고 하며 다음에 잠을 잘 때는 렘수면의

내 꿈꿔?

시간이 길어지게 됩니다.

그러므로 꿈은 수면을 연속시켜 줄 뿐 아니라 우리 생명활동의 리듬을 지속하고 보호해 주는 중요한 역할을 한답니다. 그래서 우리는 꿈을 꾸기 위해서 잠을 잔다고 봐도 과언이 아니죠. 사람들은 잠자는 도중에 잠을 깼을 때 꾼 꿈 내용을 기억하는 수가 있는데 그것은 우뇌가 쉬기에 앞서 좌뇌가 깨어 있어서 꾼 꿈 내용을 잘 전달했기 때문입니다.

사람들이 저마다 다른 꿈을 꾸는 이유는 사람들의 얼굴이 저마다 다른 것처럼 우리가 꾸는 꿈의 내용도 제각각 다르답니다. 그리고 우리가 편안한 잠을 자기 위해서는 알코올이나 화학물질 등 꿈을 꾸는데 방해가 되는 모든 요소들을 없애 주는 것이 좋습니다.

인체가 궁금해?
스트레스는 왜 쌓이는 걸까?

사람들은 서로 대화하다가 자기하고 의견이 맞지 않으면 스트레스를 받고 또 아빠는 직장에서 여러 가지 일로 인하여 스트레스가 쌓이며 우리는 학교에서 시험지를 받아 들고 책상 앞에 앉았을 때 스트레스가 쌓이는 것을 볼 수 있습니다.

이렇게 스트레스가 우리 몸에 계속 쌓이다 보면 병이 되는데 그래서 쌓였던 스트레스는 가끔씩 풀어 줘야 합니다. 사람은 누구나 자기가 하기 싫어하는 일이나 하고 싶어 하는 일을 누가 옆에서 방해를 하면 짜증이 나며 그리고 초조하거나 불안한 일이 있을 때면 가슴이 두근거리게 되고 또 누가 자신을 계속 괴롭히거나 어떤 공격을 받았을 때 이를 막기 위해 몸이 나타내는 반응을 스트레스가 쌓인다 라고 하지요.

그러나 적당한 스트레스는 사람들에게 꼭 필요한 것입니다.
아무것도 하지 않고 가만히 있는 사람에게는 스트레스 받을 일이

별로 없겠지만 그러나 적당한 스트레스를 받고 사는 사람들은 그 스트레스로 인하여 남들보다 더 노력하게 되고 더 열심히 땀 흘리며 살기 때문에 그들보다 더 빨리 성공할 수도 있을 거예요. 그래서 사람은 누구나 살아가는데 스트레스를 피해서 살아갈 수는 없겠지요.

그리고 스트레스가 많이 쌓이는 사람에게는 비타민C가 좋다고 하는데 비타민C는 수용성 비타민이기에 부작용이나 독성이 거의 없다고 합니다.

인체가 궁금해?
52 근시가 되는 이유는?

　우리가 눈으로 물건을 볼 때는 어느 것이 멀고 가까운가는 그것을 보는 각도의 차이로 알게 되는데 한눈만으로는 멀고 가까운 것을 뚜렷하게 볼 수는 없습니다. 이러한 소중한 우리의 눈이 왜 근시가 되는 걸까요?

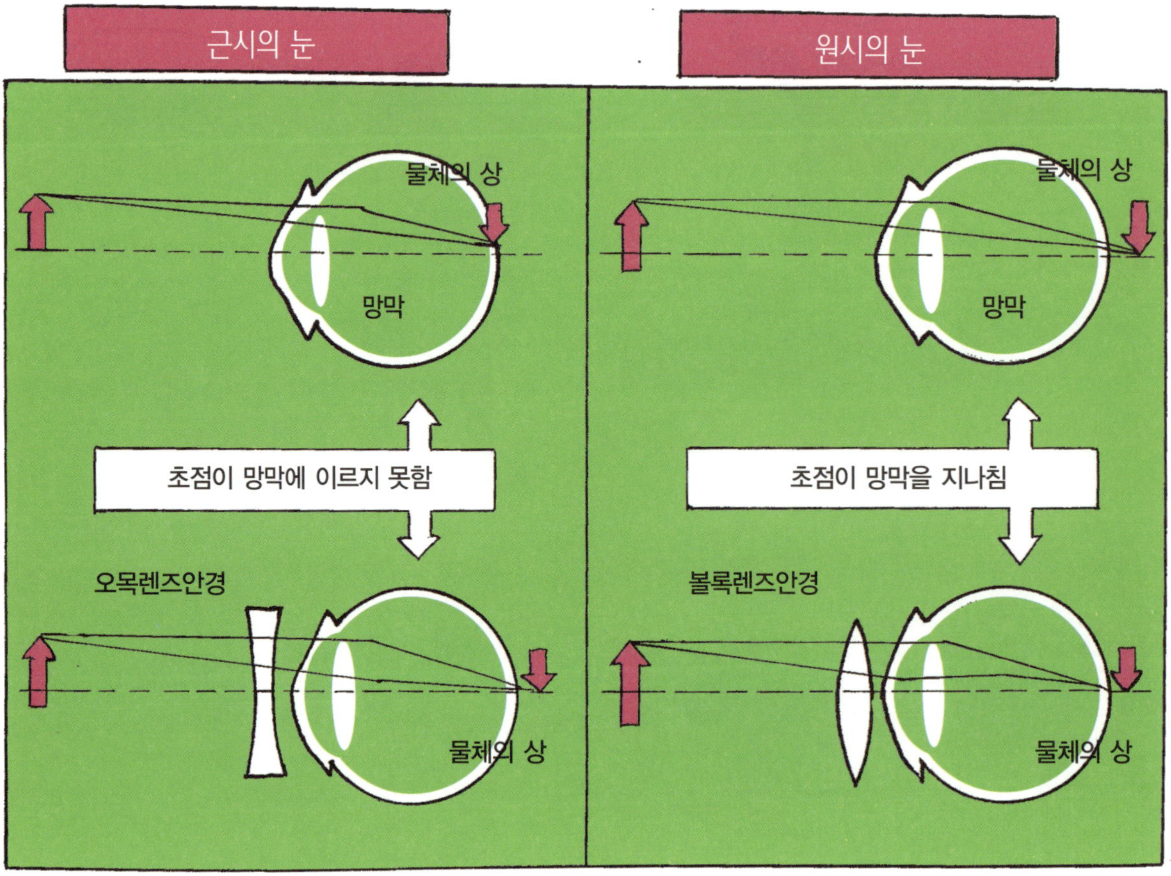

근시의 눈

물체의 상
망막

초점이 망막에 이르지 못함

오목렌즈안경
물체의 상

원시의 눈

물체의 상
망막

초점이 망막을 지나침

볼록렌즈안경
물체의 상

너무 가까운 곳에서 텔레비전이나 어두운 곳에서 눈과 책 사이를 30cm 이하로 해서 책을 보게 되면 근시가 되기 쉽습니다.

근시는 눈알 속까지의 거리가 멀어서 망막에 물건이 뚜렷이 비치지 않으므로 근시인 사람은 오목렌즈의 안경을 써서 망막에 물건의 모양이 뚜렷이 비치도록 해야 하며 원시인 사람은 초점이 망막을 지나쳐 버리므로 볼록렌즈 안경을 써서 교정을 해야 합니다.

망막은 사진기의 필름과 같은 역할을 하며 그리고 물체의 상이 맺히는 곳이고 수정체는 사진기의 렌즈처럼 빛을 한데 모으는 작용을 하며 눈조리개는 눈을 벌렸다 좁혔다 하여 빛의 양을 조절하는 사진기의 조리개 역할을 합니다.

시신경은 망막에 맺힌 상을 큰 골에 전하는 역할을 하지요. 눈은 눈알, 눈물샘, 눈썹, 눈을 움직이는 힘살 따위로 되어 있습니다.

눈에 먼지가 들어갔을 때 깨끗한 물속에 눈을 담그고 껌벅거려 보는 것도 좋으며

너무 가까운 곳에서 TV를 보게 되면 근시가 되기 쉽고

눈과 책 사이를 30cm 이하로 해서 책을 보게 되면 근시가 되기 쉽답니다.

인체가 궁금해?
53 땀은 어디에서 나오는가?

 일할 때나 뛰거나 운동을 할 때 그리고 무더운 여름철에는 우리 몸에서 땀이 나와 옷을 흠뻑 젖을 때가 많이 있는데 이러한 땀들은 우리 몸속의 필요 없는 분비물을 내보내고 우리의 체온을 조절하기 위해 땀이 나오는데 땀은 어디에서 나올까요?

 심한 운동을 하거나 더울 때 움직이면 하루에 우유병으로 30개분의 땀을 흘리고 무더워도 가만히 있으면 하루에 우유병으로 2개분의 땀이 나옵니다. 이러한 땀들은 우리 살갗에 땀샘이 있어 늘 땀이 나오며 그리고 살갗을 돋보기로 자세히 보면 수많은 땀구

멍이 있습니다. 땀샘은 살갗 표면에 열린 가늘고 긴관으로 살갗 깊숙한 곳에 덩어리져 있으며 그 주위에는 실핏줄로부터 수분이나 묵은 찌꺼기를 받아 살갗의 겉에 열려 있는 땀구멍을 통하여 땀으로 나옵니다.

더울 때는 땀샘이 열리고 땀이 나와 살갗에서 열이 날아가고 추울 때는 땀샘이 닫혀져서 열이 도망가지 못하게 합니다.

특히 땀샘은 이마나 손바닥, 그리고 코에 많이 퍼져 있으며 땀의 성분은 98%가 물이고 그 밖에는 요소, 암모니아, 염분 등이며 고약한 냄새가 나는 특징이 있으며 더울 때나 아플 때 등은 땀을 많이 내어 체온의 오름을 막고 추울 때에는 땀구멍이 있는 살갗의 겉넓이를 좁혀서 열이 나가는 것을 막아 줍니다. 개들은 땀샘이 적어 땀이 잘 나오지 않으므로 입으로 숨을 쉬면서 체온을 조절합니다.

각 지방 사람의 땀구멍의 수는?

추운 지방에 사는 사람의 땀구멍은 190만 개이고

한국 사람의 땀구멍 수는 230만 개이며

더운 지방에서 사는 사람의 땀구멍의 수는 280만 개입니다.

과학상식 100가지

54 일상생활이 궁금해?
인사는 왜 하는 걸까?

   새해가 되면 우리는 웃어른들께 세배를 하고 집에서 출근하시는 아빠는 다녀오리다 하시면 엄마는 '다녀오세요' 하며 우리는 어른들께 '다녀오겠습니다' 라고 인사를 합니다. 이렇게 주고 받는 인사는 왜 하는 걸까요?

   우리는 서로 인사를 나누지 않고 그냥 지나치게 되면 서로 오해하게 되고 또 오해를 받게 돼 서로의 사이가 점점 멀어지거나 일을 그르치는 것을 종종 볼 수 있습니다. 인사란 만나거나 헤어질 때 또는 감사하거나 축하해야 할 때 그 뜻을 상대방에게 전하는 말이나 행동으로써 사람이 살아가는데 꼭 필요한 예절이랍니다. 그리고 이러한 인사는 만나는 사람이나 장소, 때에 따라 인사법이 다르고 또 각 나라마다 독특한 인사법이 있지만 언제나 진실한 마음속 깊은 곳에서 우러나오는 인사라야 한답니다.

   예절바르기로 소문난 우리나라의 인사법은 여러 가지가 있는데 윗사람에게 하는 인사법 외에도 병문안을 한다거나 남의 여러 가지 불행을 위로하는 인사가 있으며 거리에서 선생님을 만났을 때 안녕하셨어요 하며 식사할 때는 잘 먹겠습니다 라고 인사를 잘하는 습관을 가지면 웃어른들에게나 이웃과 그리고 친구들에게 사랑과 존경을 받게 됩니다.

아침에 일어났을 때는

아는 분을 만났을 때는

집에 돌아왔을 때는

헤어질 때는

고마운 일이 있을 때는

잠잘 때는

과학상식 100가지

55

일상생활이 궁금해?

전염병을 미리 예방하는 이유는?

　전염병을 옮기는 병원체에는 세균, 비루스, 리케차, 스피로헤타, 원충 등이 있는데 이중 비루스는 전자 현미경으로만 볼 수 있는데 이들 병원체들은 공기나 접촉을 통해 전염되기도 하고 파리나 모기, 벼룩, 그리고 이 등의 곤충을 통해 전염되기도 하는데 전염병 예방은 어떻게 해야 할까요?

　전염병 예방법에는 여러 가지가 있는데 상하수도 시설을 소독하고 깨끗이 하며 병균을 옮기는 곤충을 사전에 없애고 외국에서 오는 배를 검역하고 쓰레기를 없애고 손발을 깨끗이 씻으며 건강진단을 미리 받고 예방주사를 맞으며 보균자를 격리시키면 전염병을 예방할 수 있습니다.

전염병은 소화기를 통하여 감염이 되고

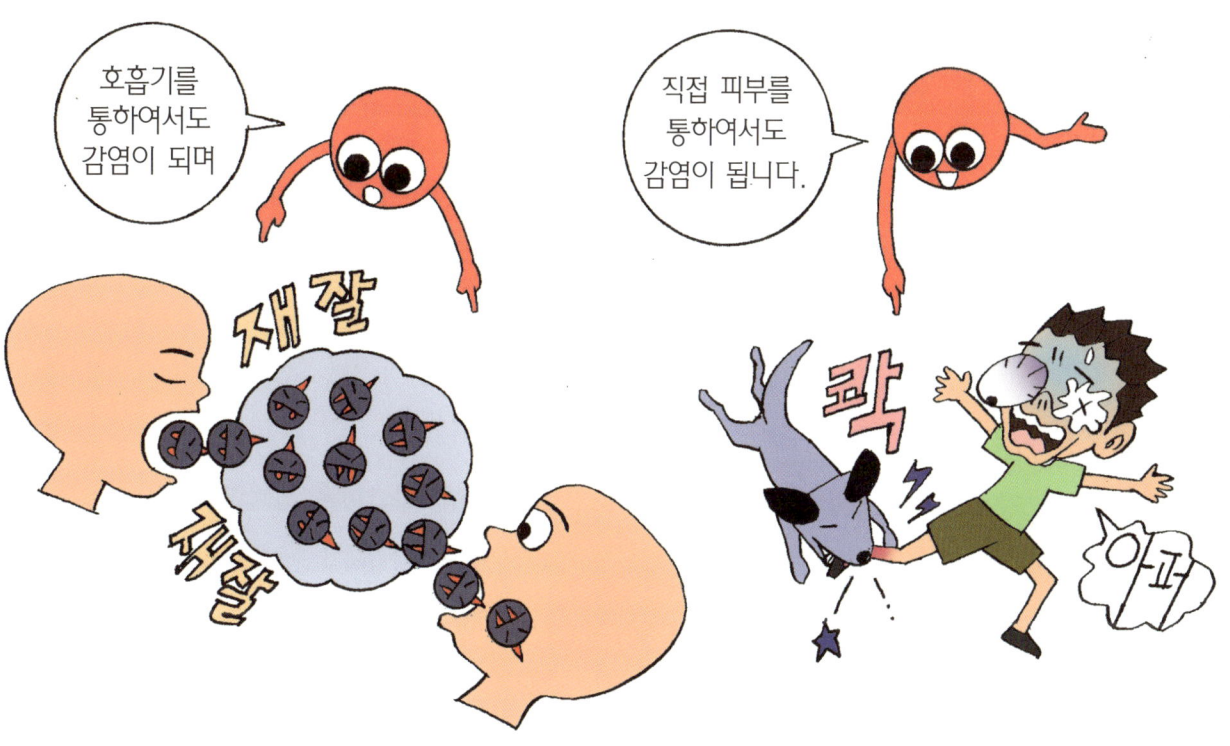

　병은 위궤양이나 당뇨병처럼 다른 사람에 전염되지 않는 것과 콜레라나 장티푸스처럼 다른 사람에게 전염되는 전염병으로 나뉩니다.

　전염병에는 병원체인 미생물이 몸속에 침입하여 병을 일으키는데 전염되는 경로는 장티푸스나 콜레라처럼 음식물을 통해 전염되는 것과 디프테리아나 백일해처럼 공기로 전염되는 것이 있으며 광견병이나 뇌염처럼 피부를 통해 전염되는 것 등이 있고 전염병 중에서 특히 전염이 잘 되는 아주 나쁜 병을 법정 전염병으로 정하고 있는데 우리나라도 제 1, 2, 3 종으로 정하여 이 전염병에 걸리면 특별히 다루도록 규정하고 있으며 전염병은 빠르게 확산되므로 미리미리 예방하는 것이 좋습니다.

과학상식 100가지 56

일상생활이 궁금해?
자석이 붙는 까닭은?

자석 놀이를 하다 보면 자석에 달라붙는 것이 있고 달라붙지 않는 것이 있는 것을 보는데 쇠붙이를 끌어당기는 힘 즉 자성을 지닌 물체를 자석이라고 하며 자철광이나 강철로 만든 자석처럼 오랫동안 자성을 잃지 않는 영구자석과 쇠막대에 에나멜선을 감아 전류를 통해 자성을 띠게 하는 전자석 같은 일시자석이 있습니다.

자석의 종류를 보면 막대자석과 말굽자석 그리고 U자형자석과 방위자석, 전자석, 펠라이트 등의 자석이 있으며 자석의 양끝을 극이라 하는데 엔(N)극과 에스(S)극이 있으며 막대자석을 자르더라도 자른 부분에 반대의 극이 생기므로 자석은 항상 반대되는 그 극을 갖으며 또 자석은 다른 극끼리는 끌어당기나 같은 극끼리는 밀어내는 성질이 있습니다. 자석을 실에 매달아 보면 엔(N)극은 북쪽을 에스(S)극은 남쪽을 가리키며 이것은 지구도 커다란 자석으로 북쪽에는 에스(S)극 남쪽에는(N)극이 있기 때문이고 그리고 자석을 쇠막대에 문질러 보면 자성이 옮겨가 쇠막대도 자석이 되는데 자석의 성질은 끝 부분 일수록 잘 달라붙습니다.

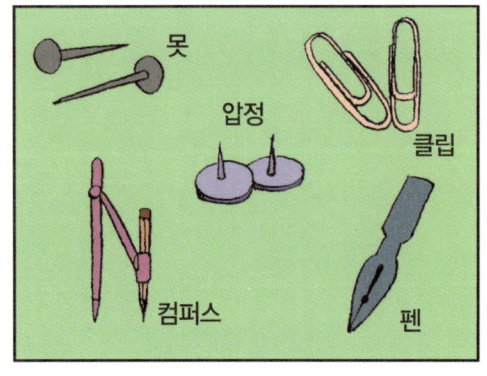

자석에 달라붙는 것

자석에 붙지 않는 것

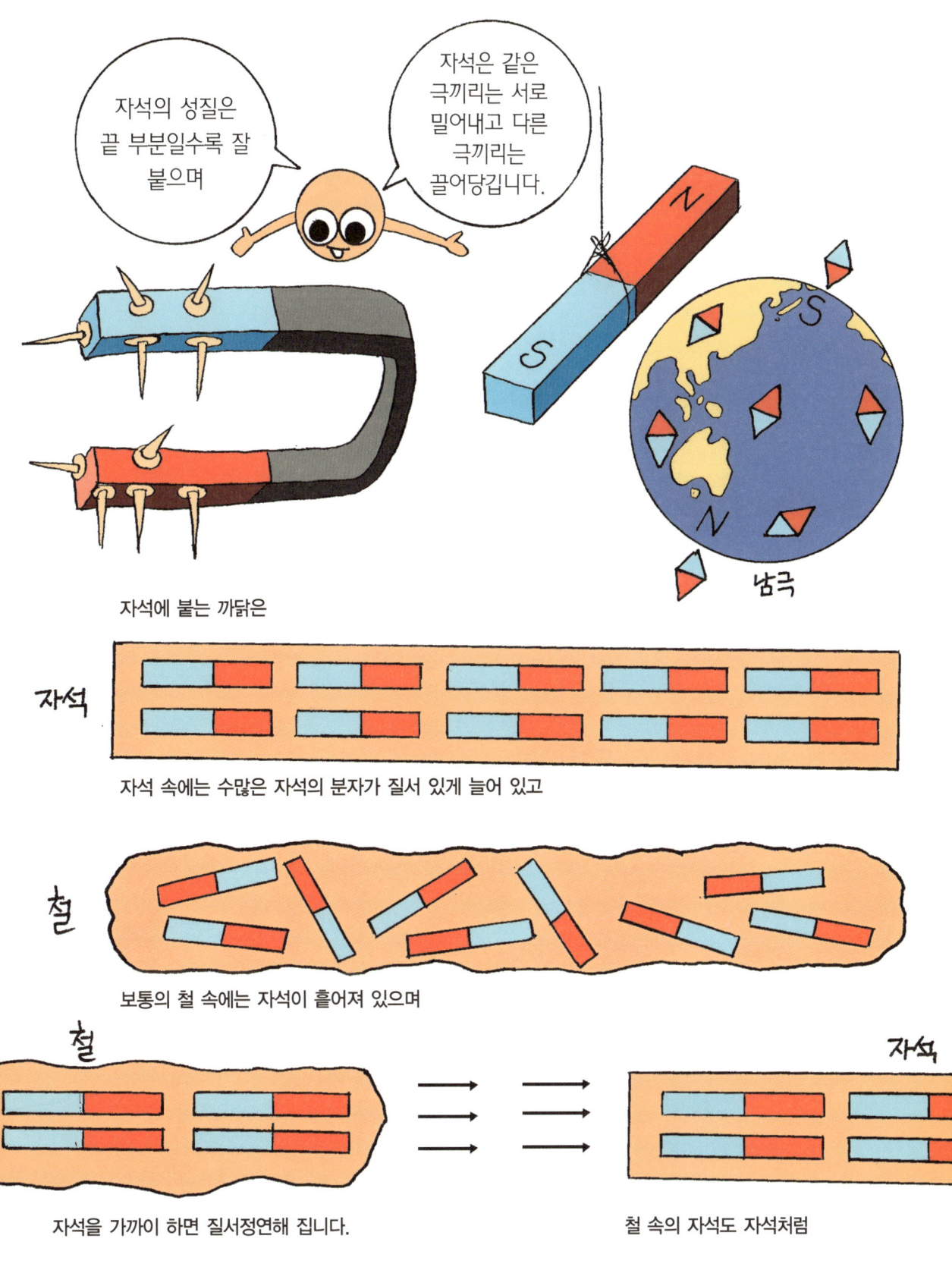

일상생활이 궁금해?
57 나무 1톤과 쇠 1톤 중 어느 쪽이 더 무거울까?

나무 1톤과 쇠 1톤 중 어느 것이 더 무겁냐고 질문하는데 어떤 엉뚱한 사람이 나무 1톤이 더 무겁다고 대답한다면 주위 사람들은 웃고 말겠지요. 그렇지만 이것은 웃을 일이 아니라 이 대답은 옳은 것이랍니다.

그것은 아르키메데스의 원리가 액체뿐만 아니라 기체에도 적용된다는 사실에 있는데 공기 중에 있는 각각의 물체는 자신의 피부에 의하여 배제된 공기의 무게만큼 자신의 무게에서 잃게 되는 것인데 나무든 쇠든 간에 무게의 일부를 잃게 되는 거랍니다.

쇠 1톤의 부피는 8분의 1m³를 가지고 있고

그것들의 진정한 무게를 구하려면 잃은 무게를 가산하지 않으면 안 되며 이 경우에는 나무의 전정한 무게는 (1톤 + 나무의 부피의 상당하는 공기의 무게) 쇠의 진정한 무게는 (1톤 + 쇠의 부피의 상당하는 공기의 무게) 와 같습니다.

그리고 나무의 1톤은 쇠 1톤보다 훨씬 큰 부피(대략 15배)를 가지고 있으므로 나무 1톤의 정확한 무게는 쇠 1톤의 정확한 무게보다 더 무거운 것인데 좀더 구체적으로 말한다면 공기 중에서 1톤의 무게가 되는 나무의 진정한 무게는 공기 중에서 같은 1톤의 무게가 되는 쇠의 진정한 무게보다 무겁다 라고 말할 수밖에 없는 거지요.

1톤의 쇠는 8분의 $1m^3$ 1톤의 나무는 $2m^3$의 부피를 가지고 있으므로 그것들에 의하여 배제되는 공기의 무게의 차이는 대략 2.5kg 가량 되기에 이만큼 나무 1톤은 실제로 쇠 1톤보다 무거운 것입니다.

일상생활이 궁금해?
빛이란 무엇인가?

　빛은 인간들의 생활에 없어서는 안 될 꼭 필요한 것인데 17세기 무렵까지는 빛을 이렇게 생각했습니다. 공기 중에는 볼 수가 없고 느낄 수도 없으며 에테르라는 것이 있어서 소리가 공기 속을 전파하듯이 빛이 이속을 전파한다는 것입니다.

　그리고 또 18세기에 이르러서는 뉴우튼이 말하기를 빛은 광원에서 잇달아 튀어나오는 매우 작은 입자라고 주장하고 이 입자설로서 빛의 반사나 굴절의 현상을 설명하였으며 이 입자설은 오랫동안 옳은 것으로 생각되어 왔지요. 그러나 비누방울이나 물위에 뜬 엷은 기름막이 아름답게 보이는 것은 입자설로는 도저히 설명할 수가 없었습니

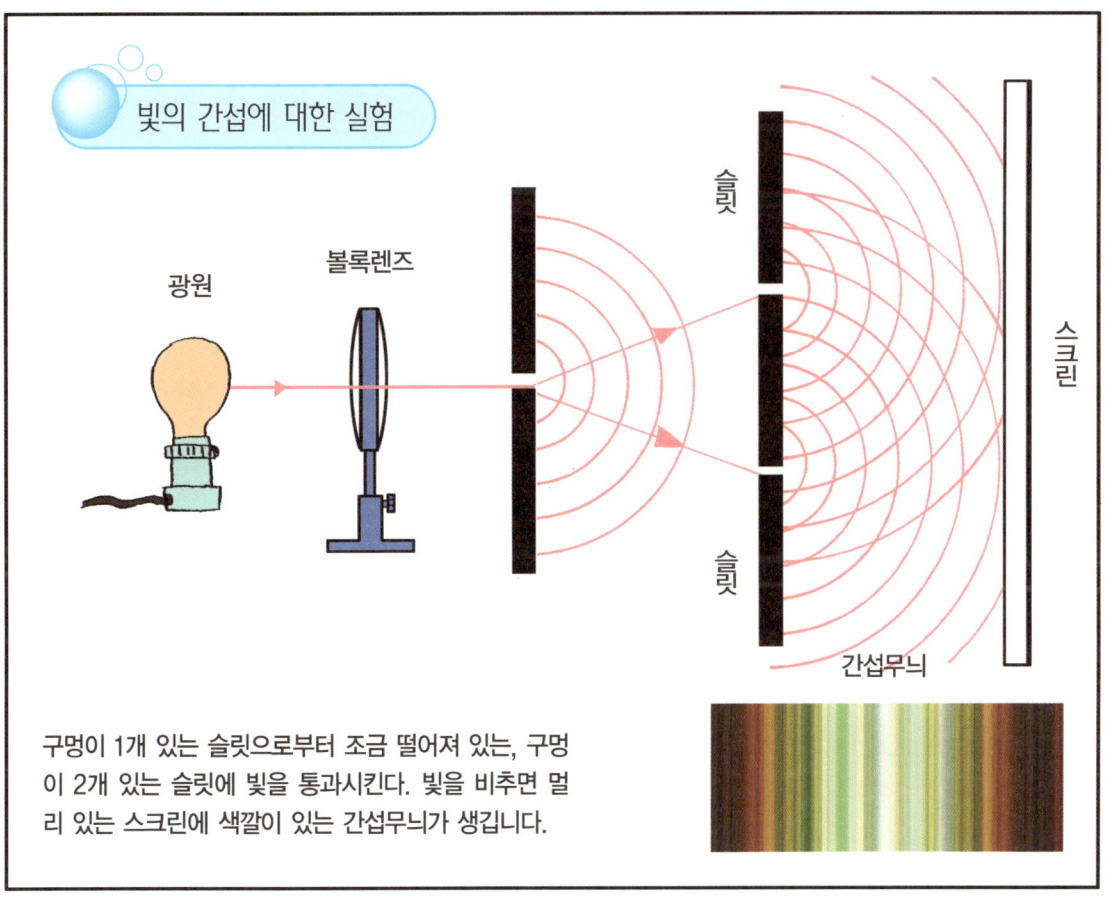

다. 그리고 다시 빛은 소리와 같은 파동이 아닐까 하고 생각하게 되었는데 19세기 들어와서는 영의 간섭 무늬실험에 의하여 빛의 파동설이 증명되었습니다.

그리고 1864년에 맥스웰이 빛의 속도가 전자파(전파)의 속도와 같다는 것을 증명하였는데 라디오의 전파와 적외선, 자외선 또 렌트겐 검사에 이용하는 X선등은 모두 전자파라고 부르는 횡파이며 진공 속을 빛의 속도로 전파되나 다만 파장만이 다르다는 것을 알았습니다. 그러나 요즘에는 빛은 파동과 입자의 2가지 성질을 가진 전자파의 일종이라고 생각하고 있습니다.

일상생활이 궁금해?
59 돈이 만들어진 까닭은?

어른들에게 용돈을 받으면 돼지 저금통에 모아 두고 그게 쌓이면 다시 은행에 예금을 합니다. 그리고 돈으로 학용품도 사고 또 학교에서 사용하는 준비물도 사지요. 돈

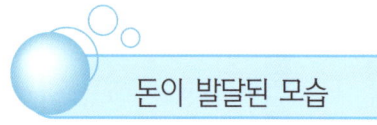

돈이 발달된 모습

바나나

닭

최초에는 물물교환을 했으며

생선

동물가죽

우리중국 싸람 최초로 화폐 사용했다 해

차츰 발달하여 금을 사용했고

결국에는 지폐를 사용하게 되었습니다.

이 있어야 버스도 타고 기차나 비행기 그리고 유람선도 타고 내가 먹고 싶은 것도 사 먹습니다. 이렇게 우리에게 꼭 필요한 돈은 어떻게 해서 만들어졌을까요?

돈이 생기지 않았던 옛날에는 물물교환을 했는데 곡식이나 옷감 또는 조개껍데기 그리고 가죽 등을 가지고 자신들이 필요한 물건과 교환하였으며 차츰 시대가 발달함에 따라 금, 은, 동의 금속화폐에서 종이 화폐로 바뀌게 되었습니다. 우리나라의 돈은 삼국시대부터 물물교환이 있었지만 고려시대의 송나라의 영향을 받아 996년 성종 때엔 최초에 철전이 만들어 졌고 이어 1101년 숙종 때에는 은병을 사용했으며 1102년엔 해동통보를 만들어 사용했고 그 이후에는 1633년 조선 인조 때에 상평통보를 만들었고 1882년 고종 때 만든 대동은전이 우리나라 최초의 서양식 화폐였습니다. 1909년부터 은행권이 발행되기 시작했습니다.

일상생활이 궁금해?
고무줄이 늘어나는 이유는?

여학생들이 운동장에서 고무줄놀이를 하고 있을 때 고무줄을 끊어 버리고 도망치는 개구쟁이 남학생도 있었습니다. 고무줄이 늘어났다 줄어들었다 하는 까닭은 과연 무엇일까요?

고무줄이나 용수철은 힘을 가하면 늘어났다 줄어들었다 하는데 모든 물질은 꼭 힘을 가하지 않아도 온도나 습도에 따라서 부피가 늘거나 줄어드는 성질이 있습니다.

철도는 여름에 더울 때는 늘어나고 겨울의 추울 때는 줄어들기 때문에 이음새에 사이를 두며 구리로 만든 전선은 여름에는 늘어나 처지고 겨울엔 줄어들어 팽팽해집니다.

이와 같은 것을 팽창(늘어남)과 수축(줄어듦)이라고 하며 물체의 온도가 1℃ 올라갈

창호지를 바른 뒤 물을 뿌리면 종이가 늘어났다 마르면 수축하여 팽팽해집니다.

창호지에 물 뿌리면 늘어나고　　마르면 팽팽해집니다.

때마다 늘어나는 길이, 부피와 본래의 길이, 부피와의 비율을 팽창률이라고 합니다. 온도의 차이에 따라서 늘어나고 줄어드는 물체이지요.

이와 같이 물체가 늘어나거나 줄어드는 원리와 성질을 이용하여 여러 가지 편리한 물건들을 만들고 있는데 고무줄, 고무공, 용수철, 저울, 공기용수철 등이 있습니다. 그리고 사람의 머리카락이나 말의 털 같은 것도 습기가 많으면 늘어나고 마르면 줄어드는데 이러한 성질을 이용해서 공기 중의 습도를 재는 습도계가 만들어졌으며 이를 모발습도계라고 하는데 실습 및 실험용으로 많이 쓰이고 있습니다.

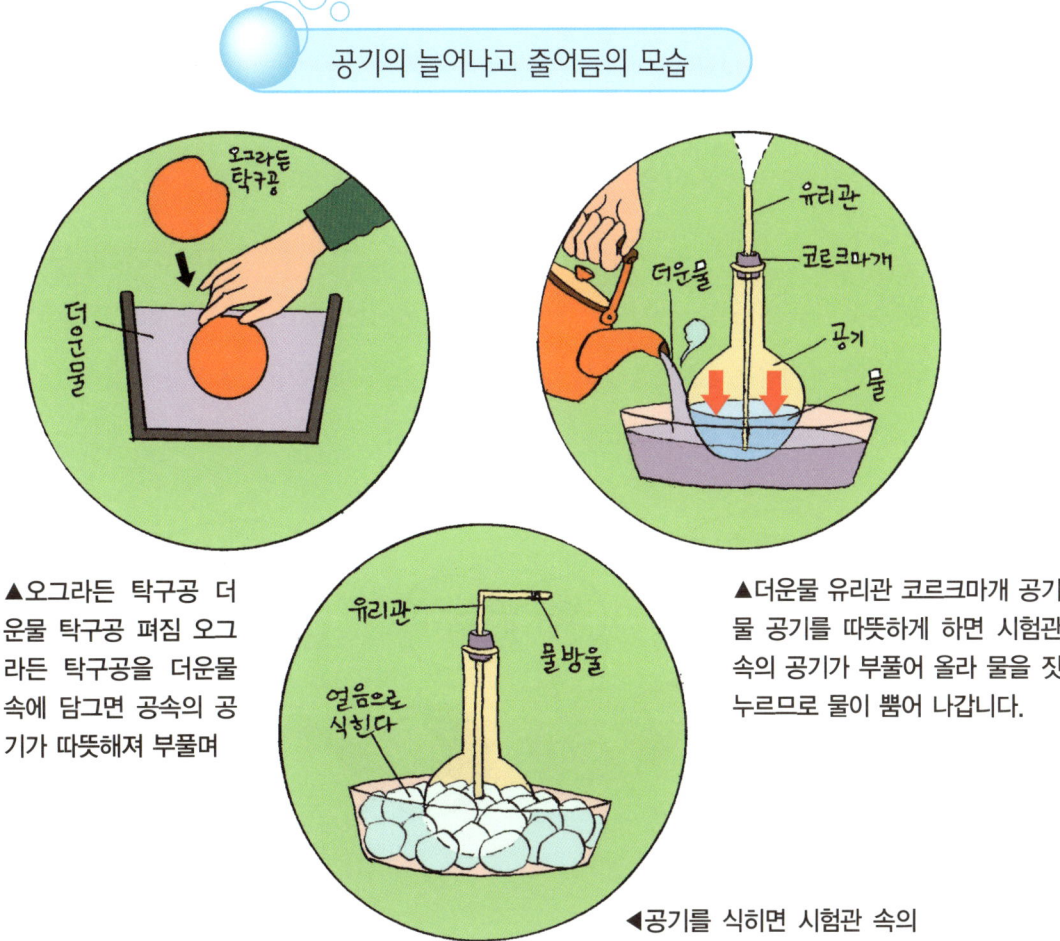

공기의 늘어나고 줄어듦의 모습

▲오그라든 탁구공 더운물 탁구공 펴짐 오그라든 탁구공을 더운물 속에 담그면 공속의 공기가 따뜻해져 부풀며

▲더운물 유리관 코르크마개 공기 물 공기를 따뜻하게 하면 시험관 속의 공기가 부풀어 올라 물을 짓누르므로 물이 뿜어 나갑니다.

◀공기를 식히면 시험관 속의 공기가 줄어듭니다.

일상생활이 궁금해?
소리가 나는 이유는?

  산에서는 꾀꼬리, 종달새, 참새, 부엉이들의 울음소리 그리고 동네나 집에서는 개 짖는 소리 송아지가 엄마 부르는 소리 고양이 소리와 또 우리들 주위에서는 자동차소리 공장에서 들리는 갖가지 소리들이 우리들의 귓전을 울리고 있습니다. 이러한 소리들은 왜 들리는 걸까요?

  이러한 소리들은 어떤 힘을 받은 물체가 그 주위의 공기를 떨리게 하여 소리가 나는데 물건이 떨리는 것을 진동이라 하며 소리는 공기에 실려 귀에 전해지기 때문에 달에는 공기가 없으므로 소리가 들리지 않는답니다. 즉 물건이 떨리는 것을 진동이라고 하며 1초 동안 떨리는 횟수를 진동수라 하여 싸이클로 단위를 삼으며 부채를 흔들어도 소리가 나지 않는 이유는 1초에 1-2회 정도만 진동하기 때문이며 우리가 들을 수 있기 위해서는 1초 동안 16회 즉 16싸이클 이상이 되어야 하는데 사람의 목소리는 100-

ㄱ. 단단한 것은 소리를 반사하고   ㄴ. 부드러운 것은 소리를 흡수합니다.

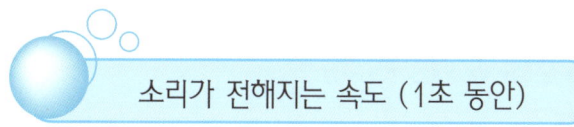

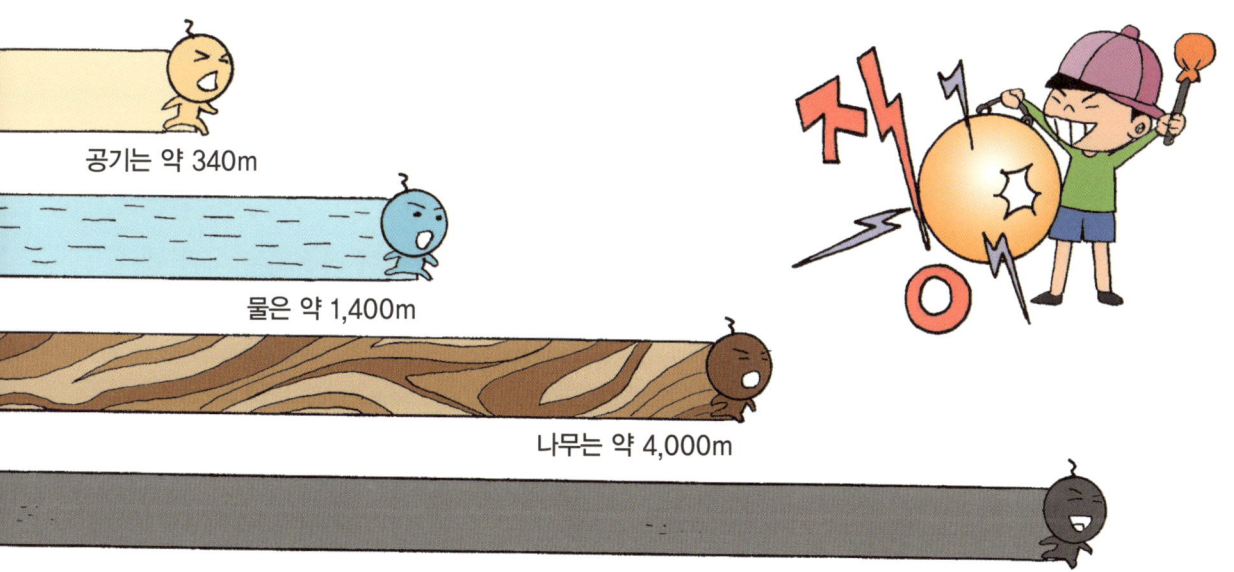

300싸이클입니다.

   소리는 어느 물체에 부딪치면 반사하는데 부딪친 물건이 단단하면 소리를 잘 튕기나 부드러운 것은 소리를 흡수해 버립니다. 날씨가 맑은 날에는 소리의 굴절이 아주 잘 되 먼 곳의 소리가 잘 들리지 않지만 궂은 날엔 굴절이 약해 먼 곳의 소리가 가깝게 들리게 되는데 소리는 공기가 전해 주는 것이랍니다. 나무도 소리를 전해주고 물 속에서도 소리는 전해지며 철도 소리를 전합니다.

과학상식 100가지 62

일상생활이 궁금해?
불은 어떻게 생기나?

불은 우리의 일상생활에 꼭 필요한 것인데 불을 이용한 화력발전소가 있고 석유난로도 있으며 또 취사용 가스 및 제철소 그리고 디이젤 기관차 등에 사용하는 이런 불은 도대체 어떻게 만들어 질까요?

아득한 옛날부터 인간은 불을 사용하여 고기를 구워 먹기도 하고 추울 때는 몸도 녹이기도 했습니다. 불은 외계의 어떤 물질이 공기 속에 섞인 산소와 화합해서 탈 때에 생기는 열과 빛을 말하는데 인간은 불을 사용할줄 안 뒤부터 비로소 다른 동물들과는 달리 문화적인 생활로 접어들게 된 거랍니다. 그래서 인간의 불의 발견이야 말로 가장 위대한 발견이라고 할 수 있지요. 그리고 불은 어둠을 밝혀 주기도 하도 무서운 짐승의 습격으로부터 보호해 주기도 했으며 불을 발견하기 전엔 화산의 불이나 산불에서 불씨

를 얻어 소중하게 다루어 왔었답니다.

그 후 인간은 나무와 나무를 맞대고 비벼서 불을 일으키는 방법을 알게 됐으며 이를 이용해 갖가지 연모도 만들어 사용케 되었습니다. 그리고 또 불은 찰흙을 구워서 항아리와 접시를 만들었으며 광석을 녹여서 동이나 철을 가려내어 도구도 만들었습니다. 오늘날 불을 이용한 자동차, 발전소, 기관차와 기선 또는 비행기나 우주 로케트 등 수 없이 많답니다.

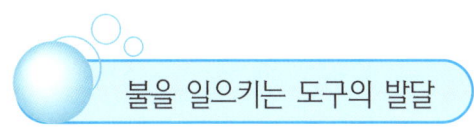

불을 일으키는 도구의 발달

◀옛날에는 나무와 나무를 맞대고 비벼서 열을 내어 마른풀에 붙였고

▶그리고 돌과 쇠를 부딪쳐서 불꽃을 일으켰으며

◀그후로 발달해서 성냥으로 불을 사용했고

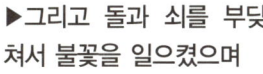

▶요즘에는 라이터로 불을 사용하게 됐습니다.

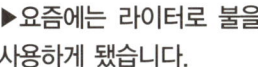

일상생활이 궁금해?
껌은 무엇으로 만들까?

껌은 씹어서 맛을 즐기는 과자입니다. 그러나 다른 사람과 이야기 할 때 쩍쩍 소리 내어 씹거나 또는 씹었던 껌을 의자에 붙여서 다른 사람의 옷을 버리게 한다거나 그리고 씹던 껌을 길거리에 버려서 환경을 오염시켜서는 안 되겠지요.

껌은 납작하고 길쭉한 것이나 또는 겉을 설탕으로 둘러싼 것 등 껌의 종류가 여러 가지이며 또 크게 부풀릴 수 있는 풍선껌도 있습니다. 껌을 씹고 난 뒤에 버릴 때에는 반드시 종이에 싸서 휴지통에 버려야 합니다.

껌은 멕시코를 비롯한 남아메리카에 있는 사포딜라라는 나무에서 나오는 치클이라는 액체에 설탕과 박하 또는 과일 따위의 향료 등을 섞은 다음에 반죽을 해서 만듭니다. 요즘은 초산비닐 수지를 원료로 하여 만들기도 합니다.

일상생활이 궁금해?
그림자가 생기는 까닭은?

두 손을 가지고 그림자놀이를 하는데 토끼와 백조 그리고 주전자와 여우 등을 만들어 보기도 하는데 이러한 그림자는 빛을 가로 막았을 때 촛불이나 전등 또는 태양의 반대쪽에서 생기는 겁니다.

그림자는 또 태양광선과 달라서 전등 가까이에 있는 물체의 그림자는 크고 멀리에 있는 물체의 그림자는 작게 비치지요. 늦은 오후에 태양이 높은 건물을 비춘 흐린 그림자가 길게 늘어선 모습을 볼 수 있는데 그림자의 흐림과 짙음은 그림자를 만드는 물체에 따라서 달라집니다. 광선이 뚫고 나갈 수 없는 물체는 진한 그림자를 만들고 유리나 얼음처럼 광선이 뚫고 나갈 수 있는 물체의 그림자는 흐리지요.

> 그림자는 빛을 가로 막았을 때 태양과 반대편에서 생깁니다.

햇빛이 강할 때는 짙은 그림자가 생기고 햇빛이 약할 때에는 엷은 그림자가 생기므로 날씨가 흐리거나 응달에서는 그림자가 생기지 않습니다. 또 색유리나 색 셀로판 따위는 색깔이 있는 그림자를 만듭니다.

일식이나 월식이 생기는 것도 그림자 때문인데 지구가 달이 햇빛을 가린 그림자 속에 들 때에는 '일식'이고 지구가 햇빛을 가려 달이 그 그림자 속에 들 때에는 '월식' 입니다.

그리고 그림자는 물체의 모양과 같은 그림자가 생기며

빛에서 먼 물체의 그림자는 진하고 작으며 가까운 물체의 그림자는 흐리고 크지요

일상생활이 궁금해?
거울에 내 얼굴이 비춰지는 이유는?

학교에 갈 때나 외출을 할 때에는 거울을 본다. 그리고 거울을 보고 오른 손을 들면 왼손을 들고 서 있는 것처럼 보인다. 거울은 왜 우리의 모습이나 모든 걸 비추이게 되는 걸까?

엄마는 화장대 앞에서 거울을 보고 열심히 화장을 하시며 '효민아, 세수하고 거울보고 머리 빗어야지' 하신다. 우리 일상생활에 없어서는 안 되는 거울입니다. 거울의 시초는 물에 자기의 얼굴을 비추어 보았던 데서부터 라고 합니다. 그 뒤부터 철이나 청동

거울의 크기가 몸의 1/2이면 몸 전체가 비친다. 즉 입사각과 반사각은 같지요.

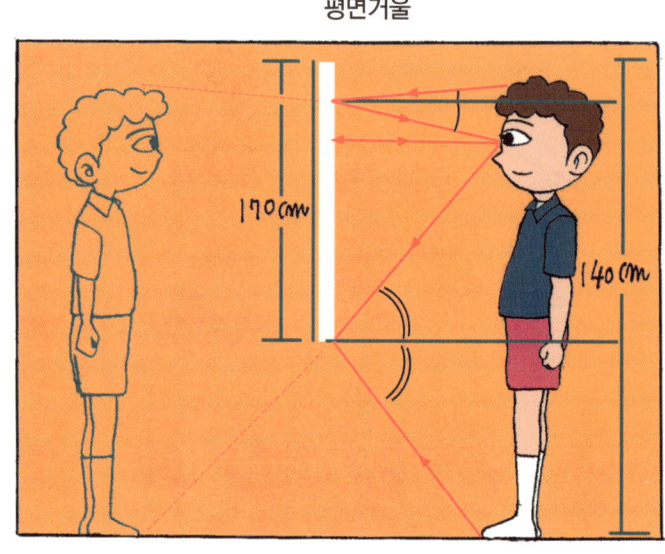

평면거울

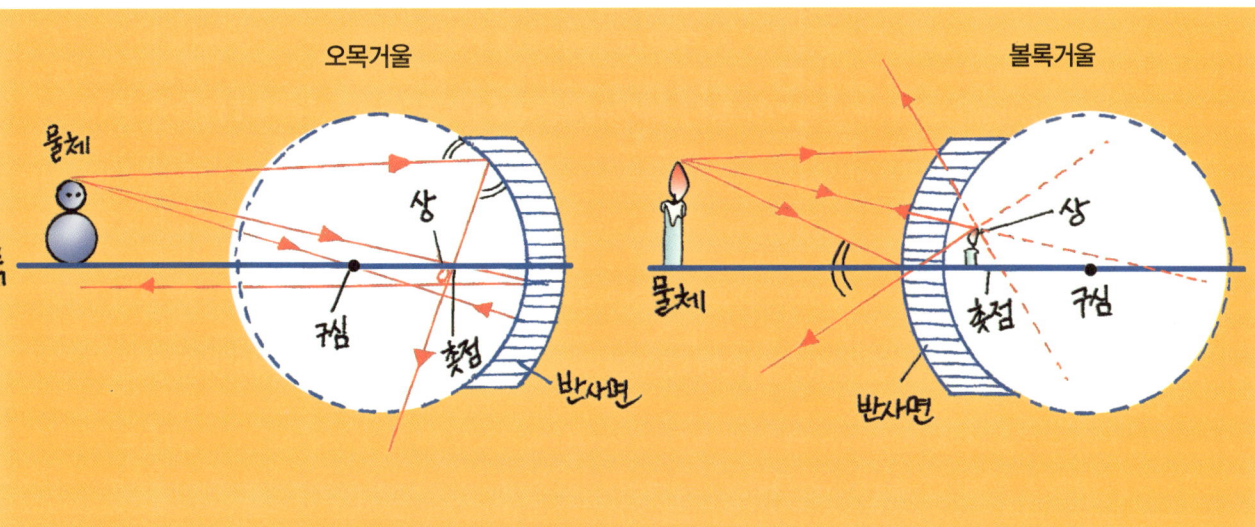

① 축과 나란히 들어간 빛은 반사하여 초점을 지납니다.
② 구심을 지난 빛은 반사하여 되돌아옵니다.

① 축과 나란히 들어간 빛은 초점에서 나온 것처럼 반사합니다.
② 구심을 향해 들어간 빛은 되 반사 됩니다.

거울을 사용했고 점차 발전되어 오늘날은 유리거울을 사용하고 있지요. 우리나라도 중국의 영향을 받아 청동기 시대부터 이 거울을 사용해 왔습니다.

빛의 반사를 이용하여 물체의 모양을 비추어 보는데 이용하는 연모로 거울은 빛의 정반사를 이용한 것이지요.

13세기엔 이탈리아에서는 주석을 칠한 것을 만들었고 17세기에는 프랑스에서 많은 판유리 거울을 만들었으며, 19세기에 이르러는 도금술이 발명되어 비로소 오늘과 같은 거울을 만들어 쓰게 된 것입니다. 요즘은 거울을 이용한 자동차의 백밀러와 현미경 밑에 달려 있는 확대경 그리고 굽어진 곳에 걸려 있는 굽잇길 거울 등 또 유원지 같은 곳에 보면 요술 거울이 있는데 이 거울은 거울 면이 일그러져 있어서 비취는 물체가 이상하고 요상하게 비추인 답니다.

66 일상생활이 궁금해?
연필은 어떻게 만들어 질까?

책가방을 메고 뛰어 가노라면 달캉달캉 들리는 소리 필통 속에서 손때 묻은 몽당연필 구르는 소리가 정겹게 들려오지요. 이런 연필은 과연 어떻게 만들어지나요?

연필을 쓰다가 희미할 때는 연필심에다가 침을 발라 쓰는 모습을 가끔 볼 수 있을 거예요.

연필은 흑연가루와 찰흙을 섞어 높은 열로 구어서 심을 만든 다음에 가는 나무에 끼워서 만들지요. 우리가 공부할 때 사용하기 편리하게 만든 이 연필은 1800년 경에 프랑스의 콩테라는 사람이 발명했으며 연필에는 H나 또는 B라는 표시가 되어 있는데 H(에이치)의 수가 많을수록 단단하고 B(비이)의 수가 많을수록 무르고 진하지요. 그리고 HB 라는 표시가 된 것도 있는데 이것은 검고 단단하다는 표로써 우리들이 글씨를 쓸 때 많이들 사용하며 또는 보통연필 외에 색연필이나 비닐, 혹은 유리 따위에도 쓸 수 있는 연필 등이 있습니다.

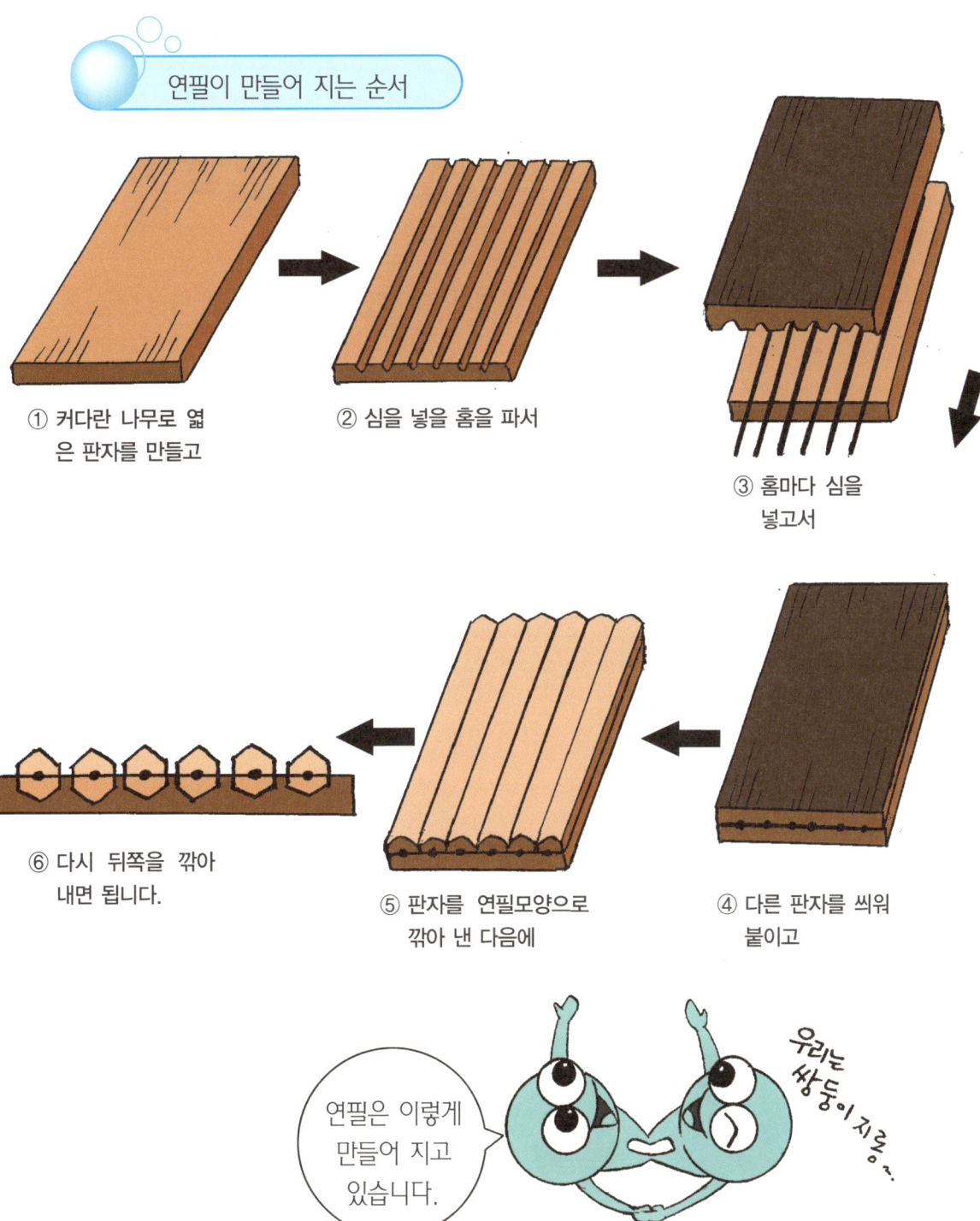

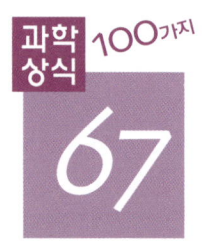

과학상식 100가지 67

일상생활이 궁금해?
아이스크림은 어디서 만들어졌을까?

우리는 아이스크림을 좋아하고 잘 먹으면서도 이것을 세계에서 제일 먼저 만든 곳은 유럽일 것이라고 생각하기가 쉽답니다. 그러나 사실은 중국이랍니다.

아이스크림을 많이 먹으면 살이 찐다구요? 그러면서도 우리는 아이스크림을 즐겨 먹는답니다. 특히 서양인들이 말이예요. 5세기 중국의 황제를 위한 특별 디저트는 장뇌로서 향을 가한 쌀과 우유로 만든 빙과였지요. 겨울에는 수많은 얼음덩어리를 궁전의 지하실에 저장해 두었으며 그런데 배추 크림 찜 등 중국요리에는 우유를 사용한 것이 가끔 있었으나 그러나 중국에서는 우유가 그다지 진귀한 식품이 아닌 듯싶군요. 그 후로 우유의 빙과는 차츰 일반인에게도 보급이 되어 마르코 폴로가 북경을 찾았을 무렵에는 이미 거리에서도 팔고 있었답니다.

마르코 폴로가 1295년 이탈리아에 그 제조법을 가지고 돌아갔는데 이것이 유럽에서의 아이스크림 제조의 시작이 된 것 이구요 그 이전에는 귀족들 사이에서는 과일과 설탕을 얼린 샤벳과 같은 것을 만들어 먹기는 했었으나 우유를 사용한 것은 없었습니다.

이탈리아 요리라고 하면 역시 파스타 요리인데 그러나 이것조차도 마르코 폴로가 중국에서 전해 온 것이라는 말이 있지요. 마르코 폴로 이전에 파스타 요리를 먹었다는 역사적 증거가 보이지 않는다는 것이 그것을 뒷받침해 주고 있는 거랍니다.

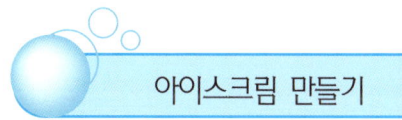

아이스크림 만들기

◀우유, 달걀노른자, 설탕 반 컵을 넣고 약한 불에 얹고 잘 저어서 질척해 지게 내리고

▶물로 식힌 다음에 냉장고의 냉동실에 넣어 둔 다음

◀반쯤 굳어지면 다시 고루저어서 냉동실에 넣어서

▶2시간쯤 냉동실에 얼리면 맛있는 아이스크림이 됩니다.

과학상식 100가지

68. 바다가 궁금해? 바다는 어떻게 생겼을까?

우리가 살고 있는 지구에 관하여서 아직도 잘 모르고 있는 일이 너무나 많은데 그 중에 바다는 어떻게 생겼을까 하는 것도 그 호기심 중에 하나입니다.

바다는 지구의 표면이 식어서 굳어짐에 따라 암석(바위)에 녹아 있던 물이 염분(소금)과 함께 짜내졌다는 설도 있는데 지구의 바깥쪽이 단단한 지각으로 덮였을 무렵에 바다는 벌써 생겨나 있었기에 그 넓은 물은 출렁이고 있었을 것이 틀림없습니다. 지구상의 육지는 적어도 한번쯤은 바닷물 속에 잠겼던 일이 있으며 그 중에는 몇 번씩이나 물속에 잠겼다 나왔다 한 적도 있습니다. 그러나 현재의 깊은 바다의 바닥은 한번도 육지가 된 적은 없었던 것 같고 또 현재의 육지로서 옛날에 깊은 바다 속 이었던 곳도 없습니다.

와~ 바다 속에도 깊고 험한 골짜기도 있구나

　그리고 육지의 어떤 부분이 옛날에 얕은 바다 밑이었던 것을 나타내는 증거는 많이 있는데 예를 들면 육지에서 볼 수 있는 석회암 그리고 사암, 또 혈암의 대부분은 바다 밑에 가라앉았던 물질로 된 것으로써 이와 같은 암석이 존재한다는 것은 다시 그곳이 바다 밑이었다는 것을 말해주고 있습니다. 그리고 영국이나 미국의 텍사스나 캔자스 등에 있는 쵸오크(백악)도 바다 밑에서 생긴 것이며 이것은 아주 작은 껍질이 바다 밑에 많이 쌓여서 오랜 세월 동안에 굳어서 암석이 된 것입니다.
　바다 밑에도 큰 산맥이 있는가 하면 대지나 들판도 있고 깊고 험한 골짜기도 있습니다. 그러나 전체로 볼 때 바다 밑은 육지의 표면처럼 변화가 많지는 않습니다.

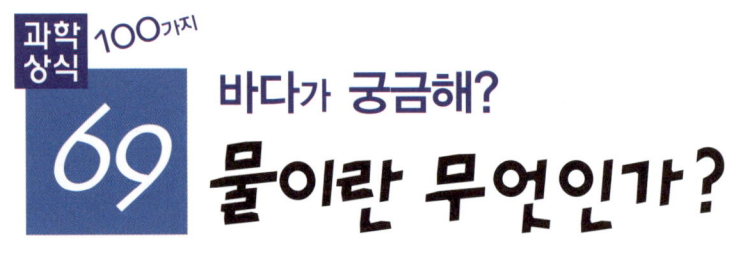

바다가 궁금해? 물이란 무엇인가?

물고기가 살려면 물이 있어야 하며 사람의 몸은 약 70%가 물이고 동물이나 식물의 세포도 70%가 물로 되어 있는데 그러므로 이 지구위의 모든 생물은 물이 없다면 살아가지 못할 거예요. 이러한 소중한 물은 과연 무엇일까요?

물을 이용해서 증기기관차를 움직이고 땜에 물을 모아둔 물을 떨어뜨려 그 힘으로 전기를 일으키거나 화력발전소 그리고 불이 났을 때 소방관들이 물을 이용해 불을 끄기도 하며 수도 및 농사일 등에 꼭 필요한 물의 성질인 물의 분자는 수소 원자 2개와 산소 원자 1개로 되어 있습니다.

순수한 물은 냄새나 빛깔 그리고 맛이 전혀 없으며 전기도 통하지 않습니다. 그러나 민물이나 바닷물에는 여러 가지 물질이 많이 녹아 있는데 그 중에 광물질이 많이 섞여 있는 물을 센물, 거의 섞여 있지 않는 물을 단물이라고 하며 센물은 때가 잘 빠지지 않으며 음료수로도 적당치 못하지요.

물은 온도에 따라서 기체, 액체, 고체로 모양을 바꾸며 0℃에서는 얼음이 되고 100℃에서는 끓어 기체(수증기)가 되며 4℃일 때 부피가 가장 작습니다. 또 온도에 따라 물의 부피가 바뀌는데 물을 데우면 가벼워지며 부피가 커지는데 그러나 위는 따뜻하지만 밑이 차가운 것은 그것 때문입니다. 또 물은 그릇에 따라 모양이 바뀌는데 둥근 모양의 그릇에 물을 담으면 물은 둥근 모양이 되고 네모난 그릇에 담으면 물은 역시 네모 모양이 되는데 그러나 수면은 늘 평평합니다.

고체는 0℃이하가 되면 얼어붙고

액체는 보통의 온도면 물 그대로이며

기체는 수증기가 되어서 증발 합니다.

표면은 서로 잡아당기고 있기에 둥근 물방울이 생기며

물체를 누르는 힘이 있으므로 바다 속 잠수함은 튼튼히 만들어야 하고

설탕 등은 물에 녹아서 보이지 않으며

마른 헝겊 한쪽을 물에 담가두면 전체에 스며들고

물은 높은 곳에서 아주 낮은 곳으로 흐르는 성질이 있습니다.

사람이나 동식물은 70%가 물로 되어 있어요.

호랑이 존심 상한당

과학상식 100가지

70 바다가 궁금해?
파도가 생기는 까닭은?

파도가 밀려와 바위를 부딪치고 치솟는 물을 보면 웅장함을 볼 수 있습니다. 파도에 깎여 홍도에 있는 바위들은 아름다운 절경을 이루었고 그리고 파도에 의해 침식작용에 의한 벼랑이 생기기도 하지요. 이러한 파도는 왜 생기는 걸까요?

파도가 일어나는 이유는 넓은 바다에 바람이 몰아치면 그 바다의 표면이 쑥 들어가고 그 둘레가 부풀어 오르기 때문에 파도가 생기는데 그리고 바람이 세차게 불 때에는 파도가 높아집니다.

육지에서 멀리 떨어진 바다에서는 바람이 없어도 천천히 물결이 이는 것을 볼 수 있는데 이것은 바람으로 생긴 파도와 비교하면 파도의 등이 둥글고 파장이 긴 모습을 볼 수 있는데 이것을 물너울이라고 하며 이 물너울은 태풍 등의 강한 바람으로 생긴 큰 파

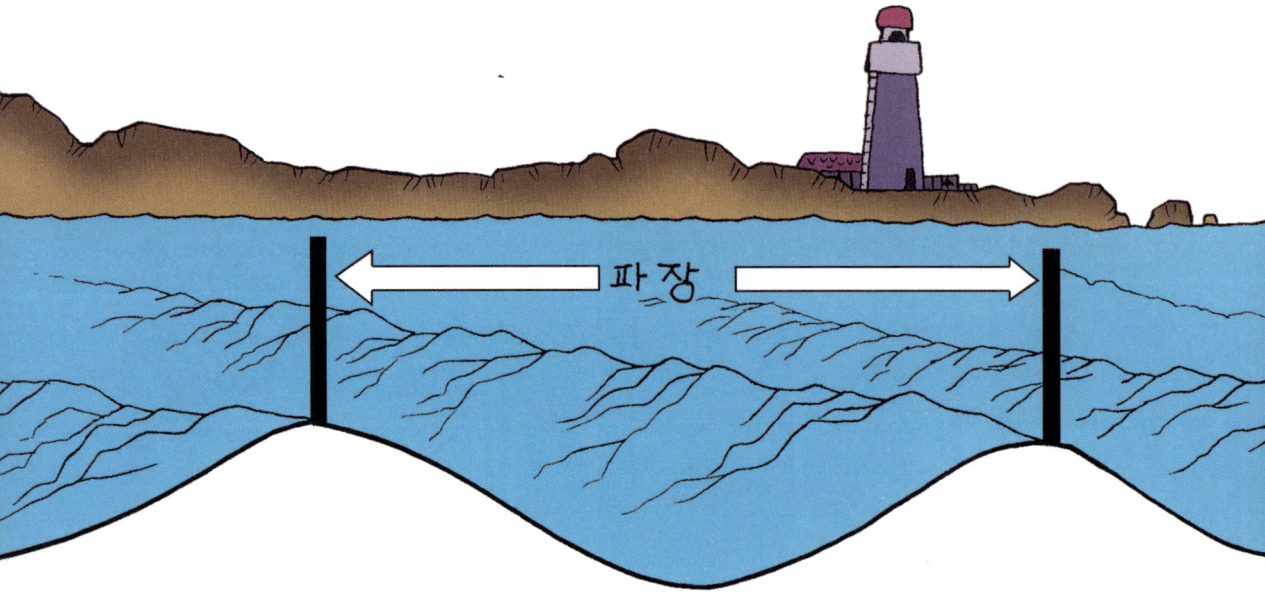

도가 먼 바다에서 밀려오기 때문입니다.

사람들은 오랜 옛날부터 바다에서 조개나 물고기를 잡으며 또 바닷물로 소금도 만들어 왔으며 지금은 자연히 자란 생물을 잡고 거두어들일 뿐만 아니라 농사를 짓듯이 물고기나 바닷말을 번식하는 방법도 연구하고 또 실시하고 있습니다. 이 밖에도 밀물이나 썰물 때의 바닷물의 흐름을 이용하여 전기를 일으키기도 하는데 그러나 바다에는 아직도 많은 자원이 숨겨져 있으며 바다를 조사하여 그것을 이용하는 것은 우리의 생활을 좀더 풍부하게 하려는 것이랍니다.

과학상식 100가지 71

바다가 궁금해?
바다의 넓이와 깊이는?

먼 옛날부터 사람들은 바다 속의 생김새를 알아내려고 애를 썼는데 지금도 이러한 연구는 계속되고 있으며 드디어 과학이 발달되자 잠수복이나 잠수함 등을 만들어서 직접 사람이 들어가 바다 속의 신비로움이나 깊이 등을 알아내고 있습니다.

바다에는 해저 실험실과 무인기상 부표와 수중전망대가 있으며 정점 관측선과 조사선이 바다의 깊이를 알아내고 있습니다. 바다는 지구의 10분의 7을 차지하고 있으며 그 면적은 36,000만Km²이며 우리나라의 면적이 22만Km² 이니까 바다 면적은 우리나라의 거의 1,500배에 이르며 육지에서 바다 속으로 약 200m까지는 경사가 급하지 않아 많은 물고기들이 살고 있지요. 이를 대륙붕이라고 하며 바다 속의 깊은 골짜기를 해구라고 하고 해구 중에도 가장 깊은 곳을 해연이라고 하며 비티아즈 해연은 깊이가 11,034m나 돼 백두산 4개를 잇대어 쌓아 둔 정도가 됩니다. 얕은 바다는 20m까지는 햇빛이 닿고 깊은 바다는 거의 햇빛이 닿지 않습니다.

과학상식 100가지 72

바다가 궁금해?
바다는 파란색인데 물방울은 왜 흰색일까?

바위에 부딪쳐 튀어 오른 바다 물방울이나 또 바닷물을 손으로 떠보면 분명히 투명한 색깔인데 그런데도 불구하고 바다를 보면 파랗게 보이는 이유는 무엇일까요?

자연에서 보는 모든 빛깔들은 서로 다른 방법으로 우리 눈에 들어오게 되는데 물체의 분자들이 어떤 빛을 흡수하고 그리고 또 어떤 빛을 반사 하느냐에 따라 물체의 색깔이 다르게 보이는 것입니다. 우리가 색깔을 식별하는 것은 빛의 색깔을 식별하고 있는 것이며 빛은 7색이며 빨간색에 가까울수록 파장이 길고 파랗게 될 수록 파장이 짧아집니다.

그리고 바다 속에는 물의 분자를 위시하여 갖가지 물질의 입자가 있기에 밖에서 들어온 광파는 이들 입자에 닿아 산란해지고 이때 파장이 큰 입자는 그다지 산란하지 않게 됩니다.

햇빛은 보통 물깊이 10m 안에서 흡수되는데 만약 물 속에 미생물이나 다른 물질이 많으면 빛은 더 깊이 들어가지 못하는데 그 중에 흡수가 가장 느린 파란색은 바다 깊은 곳까지 가게 되며 물은 다시 그 파란색을 반사시키므로 파란색으로 보이는 것이지요.

우리가 손바닥에 떠본 바닷물이나 바위에 부딪친 바다 물방울이 흰색으로 보이는 이유는 파도는 작은 알갱이들로 되어 있기에 빛이 들어가는 각도 또한 천차만별인데 이렇게 되면 모든 빛이 다 섞여 나오게 되고 모든 빛이 섞이게 되면 흰색이 되기 때문에 손바닥 물이나 바위에 부딪쳐 오른 물방울은 하얀색으로 보이는 것입니다.

바다가 궁금해?
얼음이 물에 뜨는 까닭은?

얼음과 물은 같은 것인데 얼음은 왜 물에 뜨는 것일까 하고 궁금하기도 합니다. 그것은 액체인 물을 냉각시키면 고체인 얼음이 되는데 물은 얼 때에 부피가 늘어나며 $10Cm^3$의 물은 대략 $11Cm^3$의 얼음이 됩니다.

즉 얼음의 무게는 똑같은 부피의 물의 무게의 10분의 9밖에 안되기 때문이랍니다.

그러므로 얼음이 자기부피의 10분의 9만큼 가라앉으면 밀어낸 물의 무게는 얼음의 무게와 똑같아 지는데 무게와 부력이 평형을 이루므로 얼음은 더 이상 가라앉지 않는 겁니다. 아르키메데스의 원리에 의하면 물 속에 들어간 모든 물체는 그것이 배제한(밀어낸) 액체의 무게와 똑같은 부력(뜨는 힘)으로 올려지는 거지요. 그래서 빙산의 부피의 약 10분의 9는 수면 밑에 들어가 있으며 수면위에 나와 있는 부분은 겨우 10분의 1밖엔 안되며 빙산은 우리가 보는 모습보다는 엄청나게 더 큰데 그것이 물속에 숨어 있는 것입니다.

저렇게 큰 빙산이 물위에 떠 있는 것은 얼음이 자기부피의 10분의 9만큼만 가라앉으면 물의 무게는 얼음의 무게와 똑같아져 무게와 부력이 평형을 이루어 얼음은 더 이상 가라앉지 않고 물에 뜨게 되는 거랍니다.

피이~ 안속지롱

온도가 빙점 가까이 되는 얼음은 압력을 가하면 녹아서 물이 되고 압력을 제거하면 곧 다시 얼음이 됩니다. 물이 얼 때에는 팽창하기 때문에 강한 힘을 미치는데 수도파이프가 터지는 것은 그 이유 때문이지요.

눈을 뭉쳐서 꼭꼭 누르면 눈의 결정의 일부가 녹는데 손을 떼면 곧 다시 얼어서 단단한 덩어리가 됩니다. 바위에 작은 틈새에 들어간 물이 얼어서 바위를 깨는 수가 흔히 있는데 이 작용은 오랫동안에 산을 조금씩 깎아 내며 허물어뜨리게 되는 거랍니다.

과학상식 100가지 74

바다가 궁금해?
빙하란 무엇인가?

빙하란 눈이 계속 쌓여서 굳어진 얼음덩어리 즉 빙산인데 눈이 계속 쌓이다 보면 그 무게에 눌려서 공기가 빠져 나가고 또 그 위에 눈이 쌓이는 것이 계속 반복되므로 거대한 얼음덩어리가 되는 것이랍니다.

같은 빙하라 하더라도 남극의 빙하와 북극의 빙하의 모습은 다른데 남극의 빙하는 그 위쪽이 평평한 대륙처럼 된 모습이고 북극의 빙하는 위쪽이 뾰족한 산 모습을 하고 있습니다. 지구에서 빙하로 덮여 있는 면적은 모든 육지 면적의 10%인 1억 5,000만Km² 이며 남극대륙에는 지구의 약 88%의 얼음이 있고 그린란드에는 약 11%의 얼음이 있으

남극의 빙하는 평평한 대륙처럼 생겼고

남극의 빙하 밑은 대륙으로 되어 있으며

우리는 행복한 북극의 물고기

며 나머지는 북극해의 섬들과 그 일대인 히말라야와 알프스산 등에 있습니다.

남극에 있는 빙하는 가장 크고 거대한 빙하인데 평균두께가 무려 2,160미터이상 됩니다. 남극은 평탄한 대륙이며 대륙위에서 생긴 평평한 얼음이 조금씩 밀려 나가다가 미끄러져서 떨어지는 바람에 빙하가 된 것이기 때문에 남극의 빙하는 플랫폼 형으로 되어 있으며 이에 비해 북극은 바다입니다. 시베리아, 캐나다, 그린란드 등 북극해에 면한 육지는 험한 산으로 되어 있으며 그리고 북극의 빙하는 산악지대에서 해양으로 굴러 떨어졌기 때문에 삼각형의 산 모습으로 된 것입니다.

먹을 것도 많고 히히

북극의 빙하는 위쪽이 뾰족한 산처럼 생겼습니다.

북극의 빙하 밑은 바다랍니다.

바다가 궁금해?

75 냇물이 바다로 흐르는 동안 무슨 일이 생길까?

여름에 냇가에서 물고기도 잡고 옷을 흠뻑 젖으며 물장구치며 따가운 태양빛에 살갗이 검게 그을리는 줄도 모르고 오랜 시간 수영하기도 하며 지낼 때가 종종 있지요. 그런데 냇물이 흘러서 바다로 가는 동안에 무슨 일이 일어나고 있을까요?

냇물은 곧바로 흐르는 곳과 구부러진 곳에서 흐르는 곳이 있는가 하면 폭이 넓어졌

냇물의 운반작용을 보면

상류　　　　　중류　　　　　하류

작은 돌은 잘 가라앉지 않고 멀리까지 운반됩니다.

다 좁아졌다 하면서 흐르는 곳이 있습니다. 냇물이 곧게 흐르는 곳은 냇가에 가까운 바깥쪽보다 안쪽이 물의 흐름이 빠르고 굽어서 흐르는 냇물에는 안쪽보다 바깥쪽이 더 빠르게 흐릅니다.

　흐르는 냇물 때문에 일어나는 일들을 보면 첫째, 깎아내는 침식작용과 둘째, 날라 오는 운반작용 그리고 셋째, 쌓이게 하는 퇴적작용으로 3가지 작용이 있으며 냇물은 굽어서 흐르는 바깥쪽의 냇가라든가 상류에 있는 큰 바위에 세게 부딪쳐서 바위나 흙을 깎아내며 그리고 냇물은 깎아낸 암석부스러기나 자갈 또 모래와 흙 등을 하류로 날라 가고 흐름이 빠를수록 날라 가는 힘이 크며 낱알이 큰 자갈도 운반하게 됩니다.

　냇물은 상류, 중류, 하류로 흘러 바다고 가게 되는데 그러는 동안에 암석부스러기, 자갈, 모래 등은 밀려내려 가는 동안에 다른 암석이나 돌 등에 부딪쳐 차츰 모가 무디어져서 둥글게 되어 갑니다. 그리고 냇물이나 강물의 작용으로 오랜 세월이 지나면 강의 모양이나 땅의 모양도 차츰 변화해서 결국 그 모습을 바꾸어버리고 말지요.

과학상식 100가지 76

바다가 궁금해?
바다에 해류가 생기는 이유?

수중 잠수하여 바다 속을 자세히 살펴보면 바닷물이 강물처럼 일정하게 흐르고 있는 것을 볼 수 있는데 이 흐름을 해류라고 합니다. 그런데 이러한 해류가 생기는 까닭은 무엇일까요?

우리나라 근해에는 남쪽에서 올라오는 황해해류와 동한해류 등의 난류와 북쪽에서 내려오는 북한해류 등의 한류가 있는데 특히 동해는 난류와 한류가 부딪치는 곳으로 많은 물고기가 모여 듭니다.

해류가 생기는 까닭은 첫째, 편서풍이나 무역풍처럼 바람이 일정한 방향으로 오랫동안 불 때 바닷물이 밀려서 해류가 생깁니다. 둘째, 해류는 바닷물의 온도나 염분 등 밀도가 다른 곳이 있는데 해류는 밀도가 큰쪽에서 작은쪽으로 흐릅니다. 세 번째는, 강물이 흘러들거나 바람으로 인하여 경사가 져서 해류가 생기고 네 번째는 바닷물이 이동하면서 그곳을 메우기 위해 해류가 생기는 겁니다.

해류는 바다 속 깊이 200-300m까지 밖에 영향을 미치지 못한답니다.

우리나라의 해류

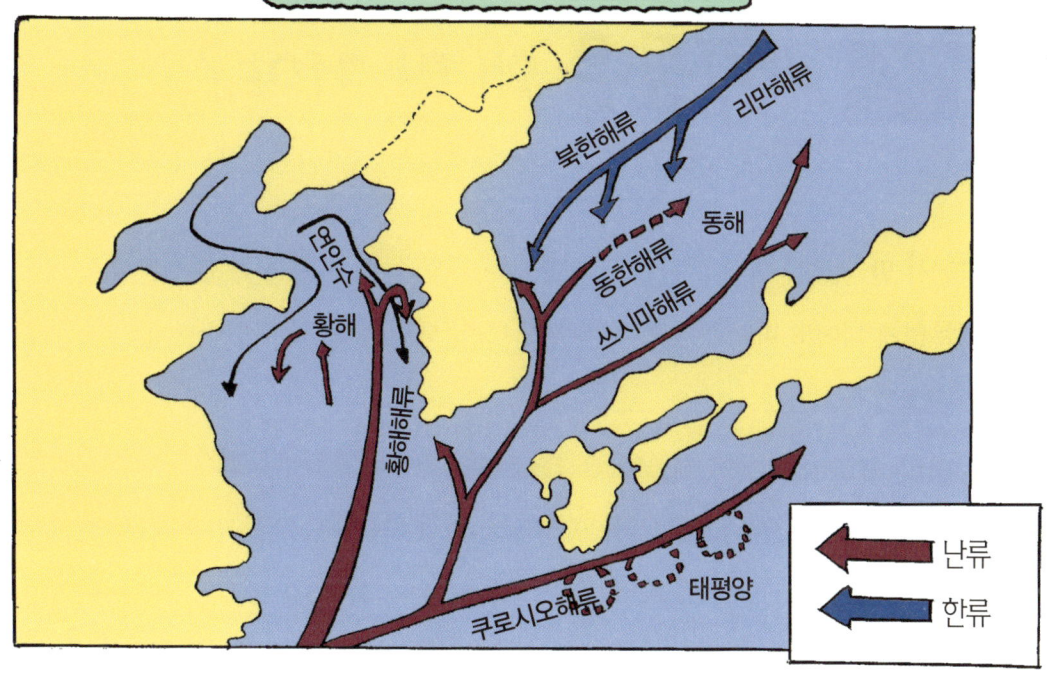

해류가 생기는 이유

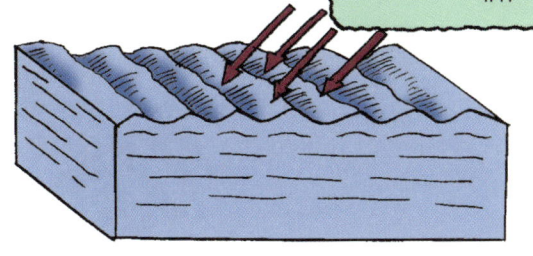

바람에 밀려 생기는 해류 취송류

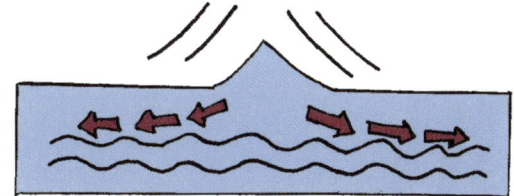

저기압으로 부푼 해면이 주위로 흘러 생기는 해류 기압류

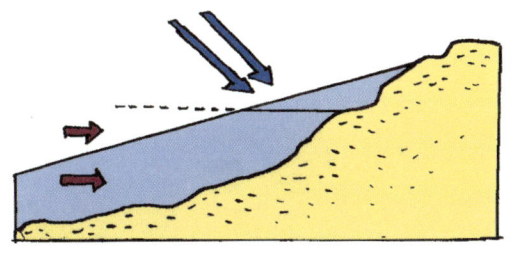

바람으로 해면이 경사져서 흐르는 해류 경사류

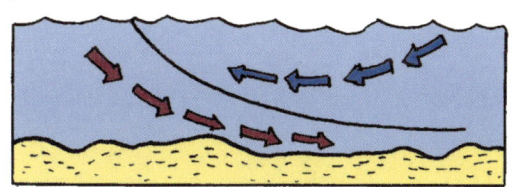

밀도가 큰 쪽에서 작은 쪽으로 흐르는 해류 밀도류

바다가 궁금해?
바닷물은 왜 짠 거야?

　목이 말라 물을 마시고 싶어도 바닷물은 먹을 수 없고 심한 가뭄이 들어 농사를 지을 수 없게 되어도 바닷물은 쓸 수가 없답니다. 왜 바닷물은 마실 수도 없고 농사도 못 지을까요?

　바다에서 수영을 하다보면 가끔 바닷물을 먹게 되는데 '우악 짜다 퉤퉤' 하고 바닷물을 내뱉는 모습을 종종 볼 수 있을 거예요. 우리가 살고 있는 땅속이나 바위에는 많은 물질이 들어 있는데 그 물질 중에는 소금의 성분인 염화나트륨이 아주 많고 이런 것들이 오랜 세월 동안 비바람이 불며 바위가 부서지면서 그 물질들이 강을 통해 바다로 운반되었답니다.

끼룩 끼룩

쟤들 정말 안됐당

그 중에서도 가장 많은 것이 염분인데 바닷물이 빨리 증발하여 염분이 많이 남게 되므로 바닷물이 짜게 된 원인이랍니다.

그리고 바닷물은 염화나트륨뿐만 아니라 염화마그네슘 황산마그네슘, 황산칼슘, 황산칼륨 같은 성분도 녹아있기 때문에 바닷물은 먹지 못한답니다. 이스라엘에 위치한 사해바다는 죽음의 바다라고 불리워지기도 하는데 다른 바다에 비해 염분이 5-10배나 되기 때문에 물고기조차 살 수가 없답니다. 바닷물의 소금 농도는 우리 몸의 세포액 농도보다 진하기 때문에 바닷물만 마시게 되면 세포에서 물이 빠져나와 탈수증을 일으키면서 심하면 생명을 잃게 될 수도 있답니다.

과학상식 100가지 78

바다가 궁금해?
배가 물 위에 뜨는 까닭은?

배의 크기는 갖가지 인데 그 중에서도 1973년에 만든 세계 최대의 거대한 배 그로브틱탱커는 그 무게만도 무려 48만톤 이나 되는데 이렇게 크고 무거운 배들이 물 위에 뜨는 이유는 무엇일까요?

배가 물 위에 뜨는 이유는 배가 밀어낸 물의 무게(배의 무게)와 같은 힘으로 물이 밑에서 배를 떠받치고 있기 때문인데 어떤 물건이나 물 속에 넣으면 물 속에 넣은 물건이 밀어낸 물의 무게 만큼 가벼워지는데 나무가 물에 뜨는 것은 나무가 밀어낸 물의 부피보다 나무쪽이 가볍기 때문입니다. 찰흙덩어리는 밀어낸 물의 부피보다 더 무거우므

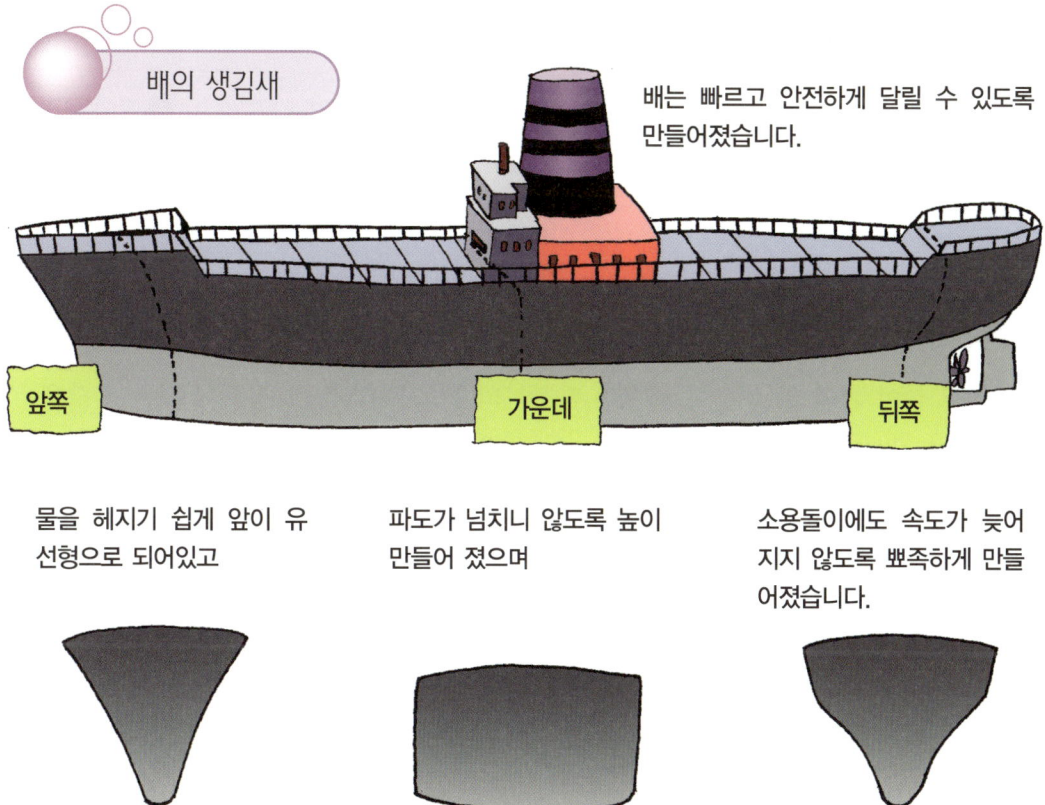

로 가라앉아 버리는데 그러나 같은 무게의 찰흙을 배 모양으로 만들어 부피를 늘이면 밀어내는 물의 부피가 늘어나 뜨게 되는데 배는 큰 상자 모양으로 만들어져 있기에 밀어내는 물의 부피가 크기 때문에 물 위에 뜨게 되는 것입니다.

배는 옛날에 통나무배에서 오늘날 호화로운 여객선에 이르기까지 많은 변천을 해왔으며 배를 만드는 재료는 나무에서 철로 바꾸었고 손에서 노를 젓다가 돛을 달아 바람으로 힘으로 달리게 되었으며 19세기에는 기계혁명이 일어나게 되자 추진 기관으로 터어빈과 디이젤 기관이 발달하게 되었습니다. 배의 생김새는 물을 헤치기 쉽게 앞이 유선형이며 배의 가운데에는 파도가 덮치지 않도록 높게 만들었고 배의 뒤에는 소용돌이에도 속도가 늦어지지 않도록 뽀족하게 되어있습니다.

과학상식 100가지

79 바다가 궁금해?
바닷가에는 무엇이 살지?

　바닷가의 모양은 여러 가지인데 넓은 모래펄로 된 곳이 있는가 하면 바위가 많은 곳도 있고 물이 괴어 있는 곳도 있으며 바닷가의 동물은 각기 그 장소에 맞는 생활을 하고 있는데 이러한 바닷가에는 주로 어떤 것들이 살고 있을까요?

　바위가 많은 바닷가에는 모래펄이나 갯벌보다는 바닷말이 많아 여러 가지 동물이 살고 있는데 물고기나 조개가 몸을 숨기고 먹이를 잡아먹기에 아주 좋은 곳입니다. 바닷말 사이로 돌돔이나 흑돔의 새끼들이 시원스럽게 헤엄쳐 다니고 있으며 밑바닥에는 새우나 그와 비슷한 것들이 여기저기서 돌아다니며 성게, 우렁쉥이, 말미잘, 전복, 소라

바위가 많은 곳이나 웅덩이에는 이런 것 등이 살고 있고요

같은 조개의 종류가 바위에 붙어 있습니다. 그리고 애기삿갓조개나 따개비, 테두리고둥, 비단고둥, 갯강구, 거북손 등이 바위에 붙어서 살고 있지요.

그리고 바닷가 모래펄에는 보통 달랑게가 모래 뭉치를 만들고 있거나 농게가 커다란 집게를 휘두르며 돌아다니고 있으며 이와 같은 바닷가의 모래펄에는 식물이나 동물이 그리 많지 않습니다.

또 바다 속에 살고 있는 동물들은 대개 모래 빛깔과 같은 보호색을 하고 있어서 자세히 살펴보아야 하며 그리고 밀물이 되면 웅덩이는 바깥바다와 합쳐져 어디에 있는지 모르게 되는데 여기에 있는 생물은 바위가 많은 바닷가에 사는 것과 비슷한 것들인데 작은 웅덩이의 동물은 물을 퍼내면 손으로도 잡을 수 있으며 돌 밑이나 바닷말 사이 같은 곳에는 예쁜 조개며 진귀한 물고기가 많이 있는데 커다란 웅덩이의 물은 퍼낼 수는 없기에 이러한 물의 물고기는 낚시나 그물로 잡아야 합니다.

바다가 궁금해?
물고기는 얼마나 오래 살까?

물고기는 아가미로 물속의 산소를 받아들이며 부레에 공기를 넣어 부레가 커지면 떠오르고 공기를 빼어 부레가 작아지면 가라앉습니다. 물고기는 주로 다른 생물을 잡아먹고 살며 그 중 어떤 물고기는 동식물 2가지를 먹는 것도 있고 식물 만을 먹고 사는 것도 있고 식물만 먹고 사는 것도 있는데 이러한 물고기들의 수명은 과연 얼마나 될까요?

물고기는 빨리 자라며 물고기의 나이는 이석(뇌 속에 있음)이나 비늘의 무늬를 세어 알아 내는데 오래 사는 물고기는 잉어나 뱀장어이며 은어는 1-2년 밖에 살지 못하며 연어는 종류에 따라 수명이 다른데 연어는 4-5년 은연어는 3-4년 대서양 송어는 7년이고 잉어는 50년이나 사는 것도 있습니다. 물고기는 등뼈 동물로 온 몸이 비늘로 싸여 있으며 수많은 지느러미가 있고 빗살처럼 생긴 아가미로 물 속에 녹아있는 산소호

흡을 하며 사는데 전 세계에 약 1만여 종류가 있으나 우리나라에는 860여 종류가 살고 이중 150여 종이 민물고기입니다.

물고기는 먹는 방법 여러 가지인데 잡은 먹이를 통째로 삼기면 목구멍 깊숙이 있는 이빨로 이것을 씹어 삼키는 것도 있고 또 앞 이빨이 길고 커다랗게 생겨 땅 속에 있는 생물을 꺼내먹고 사는 물고기도 있습니다. 물고기는 변온동물이고 대체로 난생이거나 난태생이며 말뚝망둥어처럼 가끔 뭍으로 나와 사는 것도 있고 비늘이 없는 것도 있으며 또 고등어처럼 유선형인 것이 있고 넙치처럼 넓적한 것이 있으며 복어처럼 둥그런 것 등이 있습니다.

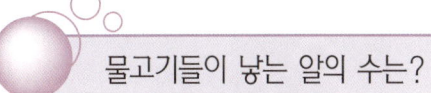

물고기들이 낳는 알의 수는?

연어는 약 3천개의 알을 낳고

대구는 약 300만개 알을 낳으며

망상어는 약 20개의 알을 낳고

뱀장어는 1시간에 4Km 밖에 못가지롱.

우씨 저 따식 내 약점을 어찌 알았징

개복치는 약 1억개의 알을 낳습니다.

과학상식 100가지

81 바다가 궁금해?
문어가 먹물을 내뿜는 이유는?

바다 밑을 기어 다니는 문어는 오징어나 낙지 또는 달팽이 등과 같은 연체 동물로 몸에는 뼈가 없고 부드러운 근육으로 되어 있으며 달팽이처럼 껍데기가 없는 문어는 왜 먹물을 내 뿜을까요?

바다의 지킴이 문어는 뼈 없는 동물로 낙지나 오징어와 비슷하게 생겼고 발은 8개이며 몸의 길이는 약 3m 가량 되고 언제나 몸을 둥그렇게 몸을 굽혀 기어 다닙니다.
문어가 먹물을 내뿜는 이유는 자신의 몸을 보호하기 위해서 인데 적이 나타나면 순식간에 먹물을 내뿜고 재빨리 도망을 칩니다. 문어는 머리처럼 보이는 곳은 몸통이고

눈이 있는 곳이 머리이며 발에는 센 빨판이 붙어 있어 이것으로 물고기와 새우나 조개 그리고 게 등을 잡아먹습니다.

문어의 턱은 딱딱한 갈고리 모양으로 생겨 단단한 먹이를 씹어 살을 먹으며 헤엄을 칠 때에는 몸통 속에 물을 빨아 들였다가 세차게 내뿜으면서 앞으로 나아가며 자기보다 힘이 센 적이 나타나면 먹물을 뿜어내고 숨어버립니다. 문어는 자기 몸보다도 작은 구멍으로도 빠져 나올 수 있으며 문어는 소금기가 적은 곳을 싫어합니다.

문어야 거긴 우리 낙지 집이야

문어도 낙지 잡는 항아리 속으로 들어가곤 합니다.

난 여기가 우리 집 인줄로 아는데

바다가 궁금해?
82. 갈매기가 항구나 개펄에 모여 있는 이유는?

바닷가 항구나 아니면 개펄에 보면 갈매기 들이 모여 있는 것을 볼 수 있습니다. 그곳에는 갈매기들의 먹거리들이 많이 있기 때문이랍니다.

갈매기들은 대체로 여름에는 북녘 섬이나 바닷가의 깎아지른 듯한 벼랑에 모여 둥우리를 짓고 새끼를 기르지요. 먼 바다에 사는 갈매기들은 주로

갈매기는 10월 무렵 날아와서 항구나 바닷가 또는 개펄등에서 지내다가 이듬해 5월쯤에 북녘으로 떠난다면서

큰 물고기들을 잡아먹어서 튼튼하고 몸집이 큰 편이고 항구나 바닷가에 사는 갈매기들은 주로 작은 물고기나 해산물, 또는 갯지네나 해초 등을 먹고 생활을 하다보니 주로 몸집이 작습니다.

　발가락에 물갈퀴가 있어서 헤엄도 잘 치나 날개의 힘이 세어 잘 날기도 하지요. 우리나라에는 10월 무렵에 날아와서 이듬해 4-5월까지 항구나 개펄 또는 바닷가 등에 머무르다가 북녘으로 떠나는 겨울새로 고기가 많은 곳에 모여들어 어부들의 길잡이가 되기도 한답니다. 갈매기의 종류로는 재갈매기 또는 붉은 부리갈매기 등이 있습니다. 그리고 바닷가에 있는 새로는 전 세계에 30여 종류가 있지요.

바다가 궁금해?
고래는 정말 물을 내뿜는 걸까?

우와 저것 봐 고래가 등에서 바닷물을 내뿜고 있어! 하며 고래가 등에서 분수처럼 물을 내뿜는 것이라고 생각하기 쉽지요. 그러나 그것은 내뿜는 것이 아니라 수증기 연기랍니다.

물 속에서 고래는 보통 30분-1시간이나 계속 잠수를 할 수가 있지요. 그러나 물고기처럼 물속에서 숨을 쉴 수가 없기 때문에 물위에 떠오르는 순간 "푸휴"하고 날카로운 소리를 냄과 동시에 폐 속의 공기를 힘차게 내뿜는 한편 가슴속 가득히 새 공기를 들이 마시는 것이랍니다. 이때 등에 있는 콧구멍

에 고여 있던 바닷물과 함께 뿜어내는 고압의 공기가 식어지면서 안개처럼 되지요. 이것이 바로 고래의 바닷물 내뿜기의 정체인 것이랍니다.

그리고 그 내뿜는 형태는 고래의 종류에 따라 다르며 포경하는 사람들은 그것을 잘 알고 있기에 고래의 종류를 잘 분별했지요. 돌고래나 범고래는 바로 위쪽으로 향하여 한줄기를 작게 내뿜으므로 그들의 눈에 잘 뜨지 않으며 또 두 줄기로 내뿜는 것은 참고래인데 콧구멍이 두개 있기 때문이지요. 보통 콧구멍이 두개라고 해도 한줄기로 내뿜는 것은 큰고래인데 크게 내뿜고 긴수염 고래는 작게 내 뿜는답니다.

바다가 궁금해?
화석이 되는 까닭은?

화석으로 그 생물이 살고 있던 시대의 자연의 모습을 알 수도 있습니다. 예를 들면 어떤 지역에 산호의 화석이 있는 지층이 있다면 그 시대의 그 지역의 바다는 산호가 자랄 정도로 물의 온도가 높았다는 것을 알아낼 수 있는데 이러한 화석은 어떻게 하여 생기는 걸까요?

화석은 퇴적암 속에서 발견되는데 물 속에 오랜 세월에 걸쳐 모래와 진흙 그리고 생물의 시체 등이 쌓이고 쌓여서 큰 압력을 받아 퇴적암이 되어 버리며 밑에 있는 지층일수록 오래된 것이므로 이것을 화석이라고 하며 화석에는 동물의 발자국 그리고 동물의

대변이나 물결의 자국 같은 것도 있습니다. 또 화석은 그것이 들어있는 지층이 퇴적했을 때 살고 있던 생물의 흔적이며 화석으로써 각 지층이 이루어진 시대의 생물의 모습 그리고 생물의 변화의 발자취를 알아낼 수가 있지요.

화석에는 또 시베리아에서 발견된 맘모스처럼 살아있을 때와 같은 상태로 얼음에 묻혀있는 것도 있으며 그리고 새의 발자국이 돌로 변한 것도 있습니다. 화석 중에 제일 오래된 것에는 약 5억년전 고생대의 지층에서 나온 삼엽층의 화석이며 시조새와 암몬 조개 그리고 공룡 등의 화석은 모두 그 시대를 대표할 만한 화석들입니다.

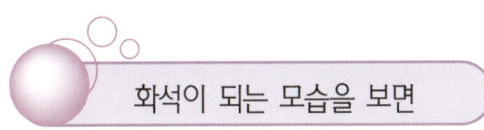

화석이 되는 모습을 보면

① 오랜 동안 흙이나 모래가 계속 쌓여 지층이 이루어지고 그 속에서 생물의 남은 뼈 따위가 화석이 되며

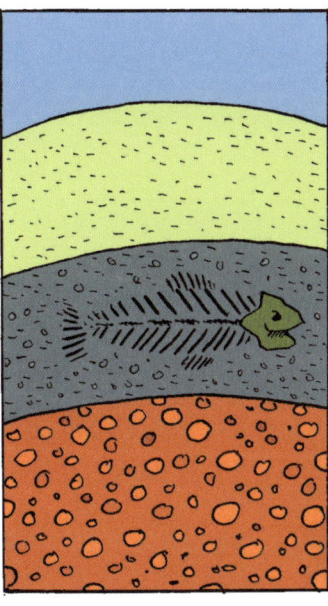

② 오랜 세월이 지나는 동안에는 예전에 바다 밑이었던 곳이 올라와서 육지가 되기도 하고

③ 대지진 따위로 지층의 일부가 가라앉아 화석이 겉으로 드러나는 수도 있습니다.

과학상식 100가지 85

바다가 궁금해?
물속에서 물고기가 숨을 쉬는 이유는?

사람들은 물 속에서 오래 잠수하려면 산소 호흡기를 해야만 오래 있을 수 있는데 물고기들은 항상 물 속에 살면서도 숨이 막히지도 아니하고 잘 헤엄쳐 다니는데 물고기들은 과연 어떻게 숨을 쉴까요?

물고기가 물 속에서 숨을 쉬는 이유는 물고기는 물 속에 녹아있는 산소를 머리 양옆에 달려있는 아가미로 흡사하기 때문입니다.

우리는 아가미로 숨을 쉬는데 저 인간들은 어떻게 물 속에서 숨을 쉬지?

내가 그걸 알면 물고기과학 박사가 됐지

물고기의 아가미는 뼈나 혹은 물렁뼈로 된 가늘게 생긴 아가미 판이 받치고 있는데 입으로 빨아들인 물은 아가미를 지나 아가미 뚜껑 뒤에 있는 작은방으로 들어가고 아가미안에 있는 피는 이산화탄소의 교환이 일어나면 아가미의 피는 맑아집니다.
　이때 이산화탄소로 가득한 물고기의 입이 닫힐 때 아가미 뚜껑 뒤에 있는 구멍을 통하여 밖으로 빠져 나가는 것입니다. 이러한 과정을 계속 반복하면서 물고기들은 숨을 쉬며 살아간답니다.
　보통 수심이 깊은 바다 속에 사는 물고기는 얕은 곳에 사는 물고기보다 몸 속에 많은 양의 수분을 가지고 사는데 그러나 너무 깊은 곳에 사는 물고기들은 빛이 바다 속 깊은 곳까지 닿지 않아 온도가 낮기 때문에 스스로 진화해서 생김새가 변형인 경우도 있습니다.

과학상식 100가지 86
동식물, 곤충이 궁금해?
코끼리 코가 긴 이유는?

코끼리의 긴 코는 코와 윗입술이 함께 자란 것으로서 뼈가 없고 마음대로 움직일 수 있으며 상아는 앞니가 길게 자란 것으로 일생 동안 자라며 공예품을 만드는데 귀한 재료가 되기도 합니다. 그런데 코끼리의 코가 긴 이유는 과연 무엇일까요?

육지에 사는 동물 중에서 제일 큰 짐승으로 인디아, 타일랜드, 버어마 등지에 사는 인디아 코끼리와 아프리카에 사는 아프리카 코끼리 그리고 둥근귀 코끼리가 있으며 아프리카 코끼리는 어깨높이만도 3.5m이고 몸무게만도 7톤 정도이며 수컷의 상아는 3.5m나 됩니다. 앞발의 발톱은 4개며 뒷발은 3개이고 귀는 인디아나 코끼리 보다 크며 성질이 매우 사납습니다.

코끼리의 코가 긴 이유는 긴 코를 이용해 나무를 뽑기도 하고 물을 떠서 입에 넣어

인디아나 코끼리의 코   아프리카 코끼리의 코

코끼리의 코가 긴 이유는?

긴 코로 나무를 뽑기도 하고

물을 떠서 입에 넣기도 하며

적을 쳐서 쓰러뜨리기도 하고

먹이를 집어 입에 넣기도 합니다.

먹기도 하며 코로 적을 쳐서 쓰러뜨리기도 하고 먹이를 집어 입에 넣기도 하는 사람으로 말하면 손 역할을 아주 톡톡히 한답니다.

인디아 코끼리는 어깨높이가 3.3m이고 무게는 5톤 가량이나 되며 수컷의 상아는 약 3m이며 앞발의 발톱은 5개이고 뒷발은 4개인데 떼 지어 살며 풀과 나뭇잎 등을 먹고 사는데 온순하여 길들이기 쉬우므로 힘든 일을 시키거나 서커스단에 실려가 재주를 곧잘 부리기도 합니다. 새끼는 한번에 한 마리씩 낳는데 8-12살이면 어미가 되고 보통 50-60살까지 살며 인디아 코끼리의 귀는 적은 반면 아프리카 코끼리의 귀는 큰 편입니다.

과학상식 100가지 87

동식물, 곤충이 궁금해?
두루미는 얼마나 오래 사나?

두루미는 자신의 몸이 무거우므로 땅위에서 뛰면서 날개를 펄떡거려 하늘로 올라가며 몸과 다리가 길고 부리는 15cm 가량으로 강하고 곧으며 날개는 65cm 비교적 작은 편이며 꼬리는 까만색으로 아주 짧으며 머리 위는 빨간색을 지닌 이 두루미는 과연

두루미는 아주 조심스러우며 떼 지어 살고 있고

수컷과 암컷이 서로 울면서 뛰어 오르는 습성이 있는데 이것을 두루미의 춤이라고 하며

먹이로는 물고기나 미꾸라지, 우렁이, 메뚜기 물풀 등을 먹고 살며

저녁이 되면 여러 마리가 모여 논두렁이나 얕은 냇가에서 잠을 잡니다.

얼마나 오래 살까요?

두루미는 저녁이 되면 여러 마리가 모여 논두렁이나 얕은 냇가 같은 널찍한 곳에서 자며 새벽에는 일찍 일어나 날아갑니다. 그리고 얕은 냇가의 갈대가 우거진 습지나 초원에서 물고기나 다슬기 또는 미꾸라지 등을 먹고 살며 6월 경에는 2개의 알을 낳습니다.

옛말에 두루미는 1,000년을 산다고들 말은 했지만 실제로는 40~50년을 살며 동북아시아의 특산으로 우수리, 중국의 동북부에 번식하며 검은목두루미, 재두루미, 흑두루미 등 전 세계에 그리고 재두루미는 천연기념물로 보호받고 있습니다. 두루미는 우리나라에 10월 경에 날아왔다가 다음해 4월까지 살다가 날아가는 겨울철새입니다. 흑두루미의 키는 95cm이고 재두루미는 13cm이며 검은목두루미의 키는 1m 가량 됩니다.

동식물, 곤충이 궁금해?
단풍은 언제부터 물드는가?

울긋불긋 단풍이 들기 시작하면 산들은 색동옷으로 갈아입기 바쁘고 화가들은 아름다운 자연을 화폭에 담기에 분주하며 사진작가들은 한 장면도 놓치지 않으려고 열심히 찍는 모습을 볼 수 있는데 이러한 단풍은 가을이 되면 볼 수 있습니다.

가을이 되면 산과 들의 나무와 풀이 붉어지거나 노랗게 색깔이 바뀌는데 그 중에서도 단풍나무는 유별나게 붉고 아름답습니다. 그리고 단풍나무는 추운 지방일수록 아름답게 물들며 단풍나무나 담쟁이덩굴처럼 빨갛게 잎이 변하는 것은 화청소가 붉게 변하기 때문인데 은행나무나 포플러 나무는 노랗

> 기온이 내려가면 산의 꼭대기에서부터 서서히 단풍이 들기 시작합니다.

9월이 되면 아직도 단풍잎은 파랗고

10월이 되면 날씨가 추워지자 잎이 붉게 물들기 시작하며

11월엔 잎이 완전히 물들어 새빨갛게 되어서

12월에는 잎이 지고 결국 앙상한 나무만 남습니다.

게 물드는데 이것은 잎의 엽록소가 없어지기 때문입니다.

그리고 갈참나무나 떡갈나무는 갈색으로 물드는데 이것은 나뭇잎이 죽기때문이며 또 햇볕의 양에 따라 색깔이 변합니다.

풀단풍은 가을이 되면 빨강이나 노랑으로 물드는것이 있는데 이것을 풀단풍이라하고 빨개지는 것은 큰까치수염이나 고추나물이며 노랗게되는 것은 마 종류입니다.

단풍은 가을에 잎이 지기 전에 나뭇잎 색깔이 노란색이나 갈색 그리고 붉은색으로 바뀌는 현상이랍니다.

동식물, 곤충이 궁금해?
89 벌은 왜 꽃을 찾는가?

꿀벌들은 꽃을 찾아다니며 꿀을 빨고 또 꽃가루 주머니에 꽃가루를 둥글게 붙여 집으로 나릅니다. 그리고 적을 찌를 때 사용하는 독침을 가지고 있습니다. 여왕벌 몸길이는 17mm이며 일벌과 수벌은 13mm입니다.

꿀벌은 꿀이나 밀을 얻기 위해서 옛날부터 사람들이 쳐 왔습니다. 꿀벌은 1마리의 여왕벌 중심으로 1-2만 마리가 하나의 사회를 이루고 있으며 그리고 꿀벌의 대부분은 일벌인데 젊은 일벌은 집을 짓거나, 청소를 하며 애벌레를 돌보는 일을 하면서 여러 날이 지나면 밖으로 나아가 꿀을 모으는 일을 하고 일벌은 암벌이지만 알을 낳지 못합니다. 수벌은 5월쯤에 태어나 새 여왕과 결혼식을 올리고 1-2개월 만에 죽습니다. 여왕벌은 왕대라고 하는 방에서 특별한 꿀(로열젤리)을 먹여 길러진 벌인데 알만 낳는 것이 이 여왕벌이 하는 일인데 하루에 3천 개의 알을 낳지요.

여름에 새 여왕이 태어날 무렵이면 많은 일벌들을 데리고 나와 새집을 짓고 삽니다. 꿀벌을 기르는 사람들은 꿀이 될만한 꽃을 찾아서 꿀벌들을 데리고 이곳저곳을 옮겨 다니곤 합니다.

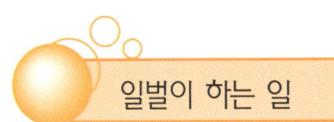

1-5일째 집의 청소를 하고

3-4일째는 애벌레에게 먹이를 주며

6-12일째는 여왕벌의 시중을 들고

11-18일째는 집을 늘리거나 고치고

18-20일째는 집의 입구에서 망을 보며

20-21일째는 밖에 나아가 꽃가루나 꿀을 모아옵니다.

동식물, 곤충이 궁금해?
소리를 내는 나방이 있을까?

유리산 누에 나방의 애벌레는 건드리면 머리를 쳐들고 앞뒤로 휘두르면서 찍찍 우는 괴짜 애벌레입니다. 이것은 입으로 내는 소리가 아니라 등의 주름을 비벼서 내는 소리입니다.

나방을 잡아보면 손에 지저분한 가루가 손에 묻는데 이것은 나비와 마찬가지로 나방의 몸에 인분이라고 하는 가루가 잔뜩 묻어있기 때문입니다. 이 가루를 현미경으로 살펴보면 물고기의 비늘과 같이 생겼습니다.

나방은 여러 가지 종류의 나방이 있는데 그 중에서 유리날개 알락나방, 버드나무가지나방, 포도유리나방 흰띠알락나방, 잎말이나방, 탈박각시나방 등 수 만 가지의 종류

　가 있는데 우리나라에는 500여 종이 삽니다.

　나방은 좋은 냄새가 나는 꽃에 잘 가지 않는데 냄새를 잘 맡지 못해서가 아니랍니다. 나방만큼 멀리서도 냄새를 알아내는 곤충은 없습니다. 독일 학자의 연구로는 누에나방의 수컷은 10Km나 떨어진 곳의 암컷이 풍기는 냄새를 알아낸다고 합니다.

　나방은 주로 나뭇가지나 잎에다 알을 낳으며 여름밤에 전등불에 날아와서 집안의 기둥이나 벽에 알을 슬어놓기도 합니다. 알에서 나온 애벌레는 잎을 갉아 먹으며 자라고 번데기는 보통 흙 속으로 파고 들거나 누에와 같이 고치 속에 들어가 있지요. 그리고 입에서 나오는 즙으로 고치를 녹여 구멍을 뚫고 나와서 어미벌레가 됩니다.

동식물, 곤충이 궁금해?
기린은 왜 파수꾼이 되었나?

기린은 다른 동물에 비해 목이 길고 키가 커서 나무 숲 속에서도 긴 목을 내밀어 먼 곳을 바라보며 적의 동태를 살필 수 있기에 연약한 동물들은 항상 기린 옆을 맴돌지요.

특히 얼룩말이나 영양 같은 약한 동물들은 기린 둘레를 떠나지 않습니다. 그것은 키가 큰 기린이 사자 같은 사나운 동물이 오는 것을 재빨리 알려주기 때문입니다. 그래서 기린은 초원의 파수군의 역할을 톡톡히 해내고 있습니다. 기린은 아프리카의 초원에 살고 있는 동물인데 동물들 중에서도 가장 키가 크며 어깨까지의 키가 3m이고 머리끝까지의 길이는 6m나 됩니다.

아그들아 적들이 떴다 잠수해라

기린은 키가 커서 나무의 어린가지나 나뭇잎을 따먹을 때는 아주 편리하지요. 그러나 물을 마실 때는 두 다리를 벌리고 긴 목을 굽혀야 물을 마실 수 있습니다. 기린도 소처럼 위가 4개나 있어서 되새김을 하며 기린과 돼지는 목의 뼈 수가 7개씩 똑같습니다. 갓 태어나 새끼기린은 키가 2m 가량 되고 3년이 지나면 어미기린이 되며 기린은 20년 쯤 삽니다.

나 잡아 봐라

우리는 기린 때문에 살지용

과학상식 100가지 92

동식물, 곤충이 궁금해?

귀뚜라미는 어디서 소리를 내는 걸까?

귀뚜라미가 또르르 우는 달밤에 멀리 떠나간 동무가 생각이나요. 귀뚜라미하면 이런 노래가 생각이 납니다. 그런데 귀뚜라미는 어디서 그런 소리를 내는 건지 정말 궁금하거든요.

귀뚜라미는 왼쪽 날개의 바깥쪽과 오른쪽 날개의 안쪽을 비벼대며 소리를 냅니다.
여름과 가을에 잘 우는 곤충이며 그 중에서도 방울벌레 또는 청귀뚜라미나 왕귀뚜라미는 우는 소리가 맑고 고와서 가을에 우는 벌레 중에서도 으뜸이지요. 왕귀뚜라미는

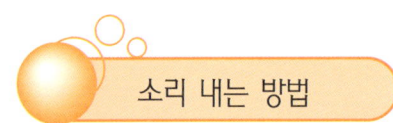

소리 내는 방법

귀뚜라미는 ㉮와 ㉯를 비벼대어 소리를 냅니다.

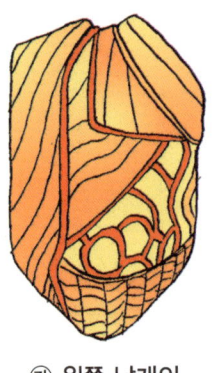

㉮ 왼쪽 날개의 바깥쪽

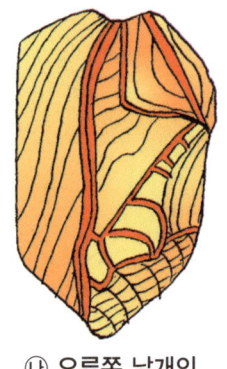

㉯ 오른쪽 날개의 안쪽

울 때 날개를 약간 들어 올리고 웁니다. 귀뚜라미 암컷은 늦가을에 흙 속에다 알을 낳고 알은 다음해 봄에 애벌레가 됩니다. 애벌레는 어미와 비슷하게 생겼으나 날개가 없습니다.

  귀뚜라미는 땅바닥이나 풀밭 근처의 어두운 곳에서 살며 몸의 색깔은 눈에 잘 띄지 않는 갈색이나 또는 검은색이며 수컷이 웁니다. 귀뚜라미는 연한 식물의 열매나 또는 잎 그리고 작은 동물의 시체 등을 먹고 자라며 8월쯤 되면 어미벌레가 됩니다. 귀뚜라미를 기를 때 귀뚜라미 수가 많아지면 서로 잡아먹는 습관이 있기 때문에 각별히 주의해야 합니다.

과학상식 100가지

93

동식물, 곤충이 궁금해?

공룡이 사라진 이유는?

중생대 말엽인 백악기에는 진기하고 거대하고 커다란 공룡이 많았습니다. 그때 당시에는 온도도 높았고 나무가 무성하여 이들이 살기에는 안성 맞춤이었으나 그러나 이러한 공룡도 땅이 폭발하고 날씨가 추워지자 차츰 전멸하고 말았습니다.

공룡은 엉덩뼈의 생김새에 따라 사우르스치, 오르니스치아로 나뉘는데 두발로 걷은 육식성 테로포다와 네 발로 걷는 초식성 사우루포다는 사우르스치에 속해 있으며 오르니스치아에는 등이 칼날처럼 돋은 스테고사우르스이며 그리고 새처럼 생긴 것도 많았답니다.

지구에 미미한 생물이 나타난 시대(고생대)를 지나 파충류가 시대를 중생대라고 하며 포유동물이 나타난 시대를 신생대로 분류하는데 공룡은 이 중생대에 살던 파충류로 1억 2천여 년이나 이들이 지구를 지배했지요.

공룡의 왕이라 할 수 있는 타이라노사우르스는 성질이 거칠고 머리가 크며 이빨이 칼날처럼 생긴데다가 몸집도 무지 컷답니다. 또 하드로사우르스는 오리부리 같은 주둥이를 가지고 있었는데 이빨이 2,000여 개나 나 있습니다. 공룡의 특징은 네 발로 기기도 하고 두발로 걷기도 했으며 이빨이 날카롭고 앞다리에는 5개 뒷다리에는 3-5개의 칼날 같은 발톱이 달려 있습니다. 가장 무거운 공룡은 브라키오사우르스로서 무게가 무려 50여 톤이나 됩니다.

공룡이 멸종한 이유를 왜 아직 아무도 모르는 걸까?

과학상식 100가지 94

동식물, 곤충이 궁금해?
곰은 뭘 먹고 살까?

동물원에 가면 흰곰(북극곰)이나 아니면 불곰 그리고 반달곰 등 여러 가지 곰들을 볼 수 있습니다. 그리고 곰들은 연어나 꿀 또는 산딸기 등 열매를 먹고 산답니다.

곰의 털빛은 갈색이고 두발로 서기도 하며 날카로운 발톱을 가지고 있으며 깊은 산속에 사는 포유동물로 몸길이가 1.2-2m 꼬리가 8cm이며 키는 작고 5개의 발가락과 날카로운 발톱이 있지요. 그리고 곰은 추운 지방으로 갈수록 몸집이 크며 말레이곰은 버마와 말레이 반도에 사는 제일 작은 곰이고 안경곰은 남아메리카에 사는 작은 곰이며 늘보곰은 인디아 지방에서 사는데 벌꿀을 좋아합니다.

곰은 가을에 양분을 듬뿍 저장하고서 겨울에는 굴 속에서 잠을 자며

암컷은 2월쯤에 굴속에서 새끼를 낳아 젖을 먹이고

또 잿빛곰은 북아메리카에 사는 성질이 난폭하고 거칠며 흰곰은 북극에 살면서 바다표범을 잡아먹습니다. 큰곰(불곰)과 반달가슴곰은 숲 속에서 사는데 주로 밤에 활동을 하며 몸집은 커도 나무 타기나 헤엄을 잘하며 개울에 올라가는 연어를 잡아먹고 살지요. 보통 때는 온순해서 사람을 해하는 일이 없는데 새끼를 데리고 있는 곰이나 또는 상처를 입은 곰은 아주 사납답니다.

봄이 되면 제법자란 새끼들을 데리고 굴속에서 나옵니다.

그리고 아기곰들은 씨름을 아주 좋아 하지요.

과학상식 100가지

95 동식물, 곤충이 궁금해?
고추잠자리는 왜 빨간색이지?

높고 높은 맑은 가을 하늘에 빨갛게 수를 놓으며 떼를 지어 날아다니는 고추잠자리를 봅니다. 그런데 고추잠자리는 왜 빨간색인지 궁금하네요.

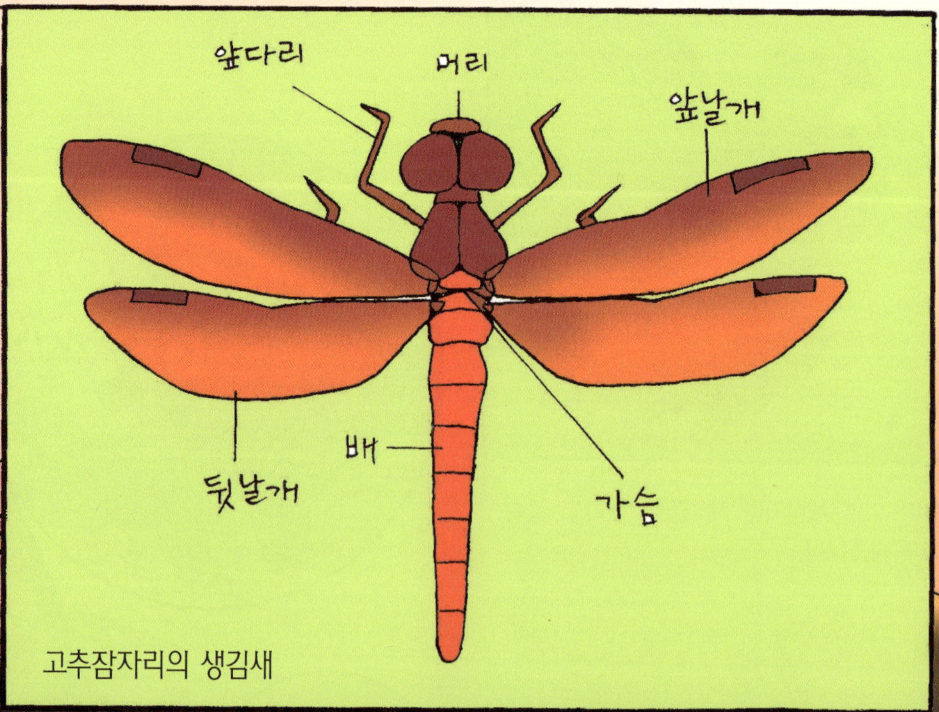

고추잠자리의 생김새
(앞다리, 머리, 앞날개, 뒷날개, 배, 가슴)

6월에서 9월 사이에 농촌의 연못이나 언덕에서 아이들이 잠자리채를 들고 잠자리 잡는 모습을 종종 볼 수 있습니다. 잠자리의 배 길이는 2.8cm이며 뒷날개 길이는 3.3cm이고 머리, 가슴, 배는 주황색인데 수컷의 배는 고추처럼 빨개서 고추잠자리라고 하지요. 고추잠자리는 처음부터 몸이 빨간 게 아니라 처음에는 암수가 주황색을 띠다가 자라면서 수컷은 빨갛게 변하고 암컷은 누르스름하게 변한 것이지요. 암컷은 가을에 알을 낳는데 물 속에서 겨울을 나 이듬해 봄에 수채(애벌레)가 깨나옵니다. 비슷한 것으로는 고추좀잠자리가 있답니다.

과학상식 100가지 96

동식물, 곤충이 궁금해?
고양이가 기둥 같은 곳에 발톱을 가는 이유는?

고양이가 발톱을 기둥 같은 곳에 가는 까닭은 자신의 발톱을 날카롭게 하기 위해서입니다. 발톱이 날카롭지 못하면 높은 곳에 오를 수 없기 때문이지요.

고양이를 가만히 들여다보면 스스로 자기의 털을 핥아 매끈하게 합니다. 털끝에 먼지라도 묻어 있노라면 잽싸게 알아차리고 핥아 냅니다. 그리고 개가 꼬리를 흔드는 것과 마찬가지로 주인에게 응석을 부리기도 합니다. 고양이는 오랜 옛날 약 5천년 전부터 살쾡이를 길들여 기

고양이는 먹이를 습격할 때 발바닥을 펴면 날카로운 발톱이 드러나 무기가 되고

발바닥을 오므리면 발톱이 안으로 오그라져 감추어집니다.

이것은 현미경으로 본 고양이의 혓바닥입니다.

르기 시작한 짐승으로 지금은 세계 각국에서 기르고 있는 애완동물입니다. 또 육식성 동물로 성질도 사나운 편이지요.

고양이는 몸이 몹시 부드러워 적에게 덤벼들거나 높은 데에 뛰어 오를 때에는 근육이 용수철 같은 작용을 합니다. 또한 발바닥의 살이 두터워 소리 없이 적에게 다가갈 수 있으며 적과 마주치면 등을 굽히고 털을 곤두세워 자기의 몸을 크게 보여서 적에게 겁을 줍니다. 날카로운 송곳니와 발톱을 숨기고 다니다가 필요할 때면 순식간에 내밀지요. 고양이도 아주 깜깜한 곳에서는 보지 못하지만 조금이라도 빛이 있으면 사람보다 훨씬 잘 본답니다.

과학상식 100가지

97. 동식물, 곤충이 궁금해?
거미가 거미줄을 치는 이유는?

나방이나 고추잠자리 또는 여러 가지 곤충들이 거미줄에 걸려서 퍼덕이는 모습을 가끔 볼 수 있습니다. 이렇게 자신들의 먹이가 걸려들게 하기 위하여 거미들은 거미줄을 쳐 놓는 거랍니다.

거미는 배 꽁무니에 2-4쌍의 혹 모양의 방적돌기가 있으며 이것은 거미뱃속의 방적샘 문인데 여기에서 우무 같은 액체가 나와 공기와 접촉하면 굳어져서 거미줄이 됩니다. 그리고 더듬이와 겹눈이 없고 8개의 홑눈과 4쌍의 다리가 있을 뿐 머리와 가슴의 구분이 뚜렷하지 않은 절족동물이라고 합니다. 거미줄로 집에 덮개를 쳐 놓고 위로 먹이가 지나가면 구멍 안에 쳐 놓은 줄을 통해서 곧 알아차리고 잡아먹는 거미도 있는가 하면 왕거미나 호랑거미는 거미줄 한가운데서 밑을 보고 움직이지 않고 가만히 있다가 먹이가 걸려들면 잽싸게 꽁무니에서 거미줄을 많이 뽑아 칭칭 얽어 놓고 그 즙을 빨아 먹습니다. 거미줄을 치지 않는 거미도 가만히 숨어 있다가 먹이가 접근하면 순식간에 덮치고 말지요.

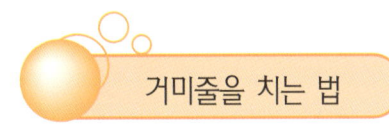

거미줄을 치는 법

① 거미줄을 바람에 날려 거미줄을 세모꼴로 치며

② 거미줄이 어딘가에 붙게 되면 줄을 굵게 해서 테두리 줄을 만들고

③ 한가운데에서 날줄을 늘어뜨리며

④ 가운데에서 발판 줄을 대강 엮은 다음에

⑤ 가장자리 둘레에서 발판 줄을 떼고 씨줄을 치기 시작하여

⑥ 끈적거리는 씨줄을 촘촘히 쳐옵니다.

동식물, 곤충이 궁금해?
98 개미의 입이 무기라니?

게으른 자는 가서 개미에게 배우라는 말이 있지요. 그만큼 개미들은 부지런해서 밥풀이나 죽은 곤충 또는 자신들의 먹거리를 끝없이 자기 집으로 나르는 벌처럼 공동 생활을 하는 곤충입니다.

허리가 가는 사람을 보면 우와 개미허리다 라고 말을 합니다. 개미들은 땅 속 깊이 굴을 파고 여러 개의 방을 만들어 놓고 살며 방은 그 목적에 따라 다르기도 하지요. 일개미는 날개가 없고 알을 못 낳는 암개미이며 먹이를 얻어오고 집을 짓고 알과 애벌레를 돌보는데 병정개미도 된답니다.

자기편이 아닌 개미는 입으로 물어뜯어 죽이고

입으로 먹이를 물어 나르기도 하고 구멍을 파기도 하며

그리고 입으로 물건을 자르는 일도 합니다.

여왕개미는 날개가 있으며 생식능력이 있는 암개미입니다. 날씨가 맑은 날 저녁 무렵에 밖으로 나와 가장 힘이 센 수개미와 결혼을 하며 날개를 떼고 새로운 집을 지어 알을 낳는답니다. 수개미는 날개가 있고 더듬이가 길고 여왕개미와 결혼한 후에 죽지요.

자기편이 아닌 개미가 나타나면 입으로 물어뜯어 죽이고 물건을 자를 때도 입으로 사용하고 먹이를 나를 때도 입에 먹이를 물고 땅을 파기도 한답니다.

개미의 몸길이는 5-15mm로 허리가 가늘고 흑색이나 갈색을 띠고 있고 일개미, 수개미, 여왕개미가 한 가족을 이루고 산답니다.

동식물, 곤충이 궁금해?
개구리가 울면 비가 온다는데?

개굴 개굴 개굴 시골 여름밤에 여기저기서 들려오는 개구리 울음소리 개구리는 주로 수컷만 이 우는데 자기의 영역을 널리 알리고 또는 암컷들을 유혹하기 위해서 우는 거랍니다.

그리고 개구리는 습기를 좋아하므로 공기에 습기가 많아지면 바로 알아차리고 기뻐서 울어 댄답니다.

개굴들은 알부터 올챙이 까지는 물속에서 살지만 자라면 땅위에서도 사는 물뭍동물로 전 세계에 2,000여 종이나 살고 있습니다. 발가락사이에 물갈퀴가 있어서 헤엄을 잘치고 뒷다리가 커서 잘 뛰기도 하지요. 또 논에서 사는 참개구리는 목의 양쪽에 울음주머니가 있어서 여기에 공기를 넣었다가 빼면서 소리를 내지만 물갈퀴가 없는 맹꽁이나 청개구리는 턱밑에 울음

주머니가 있답니다.

  우리나라에는 참개구리, 산개구리, 옴개구리 등 10여 종류가 있으며 맹꽁이, 두꺼비도 개구리 종류랍니다. 개구리는 보통 물속에 알을 낳고 올챙이는 물고기처럼 아가미로 숨을 쉬며 발이 나오고 꼬리가 없어지면 허파와 살갗으로 호흡을 더 많이 하지요. 개구리 몸이 늘 축축한 것은 살갗호흡을 하기 때문이며 주로 곤충을 먹지만 올챙이 때는 물풀을 먹으며 알은 1만 개 이상 낳는 종류의 개구리도 있습니다.

동식물, 곤충이 궁금해?
닭은 왜 새벽에 울지?

꼬끼오~ 하고 여기저기서 울어대는 닭울음소리를 시골에서는 심심찮게 듣게 되지요. 그런데 이상하게도 닭들은 왜 꼭 새벽에 많이 우는 걸까요?

닭들은 보통 새벽 4시 반 경이면 울기 때문에 곤히 자던 단잠을 깨우는 경우가 많지요. 우리의 생활 패턴이 바뀌어 짐에 따라 자명종만큼 이나 소중히 생각했던 닭의 울음소리도 이젠 소음 공해로 변해가고 있지요.

원래 새들이 우는 것은 암컷에 대한 구애와 또 다른 수컷에 대한 영역권의 어떤 선언을 학 위한 것이므로 대부분의 새들은 번식 기에 잘 운답니다.

으~ 닭들은 왜 꼭 새벽에 울지?

밤에는 눈이 안 보이니까 무서웠다가 새벽에는 날이 새니깐 안심이 되어 기뻐서 우는 거야

닭들은 밤이 되면 눈이 안 보이기 때문에 느닷없이 적에게 공격 당할까봐 불안해하지요. 그래서 새벽이 되면 일단 안심하며 그 기쁨을 알리기 위해 울게 되는 것이랍니다.

그리고 닭의 조상인 붉은 산닭도 암컷을 보통 5-6마리 거느리고 정글 속에서 살고 있는데 번식기간에는 울며 그런데 우리 인간에게 길들여지면서 품종이 개량된 닭은 야생인 때의 습성이 차츰 사라지면서 1년 내내 울게 되었답니다.

한권으로 끝내는

2025년 8월 5일 인쇄·발행

글·그림 / 김복용
감　수 / 노성춘·심대암
펴낸 이 / 임화순
펴낸 곳 / 신인류
주　소 / 서울시 노원구 한글비석로47길 31
전　화 / (02)938-5828
팩　스 / (02)932-3537
등　록 / 1998년 9월 18일 제 22-1424호

편　집 / 출판기획 넓은마당 (332-4122)